Ray Pereira

Que
diferença faz?
Escolhas que marcam...

Casa do Psicólogo®

© 2003 Casa do Psicólogo Livraria e Editora Ltda.
É proibida a reprodução total ou parcial desta publicação, para qualquer finalidade, sem autorização por escrito dos editores.

1ª Edição
2003

2ª Edição
2004

Editores
Ingo Bernd Güntert e Silésia Delphino Tosi

Produção Gráfica
Renata Vieira Nunes

Capa
Laise Alves

Editoração Eletrônica
Carlos Alexandre Miranda

Revisão Gráfica
Neuza Alves

Dados Internacionais de Catalogação na Publicação (CIP)
(Câmara Brasileira do Livro, SP, Brasil)

Pereira, Ray
  Que diferença faz?: escolhas que marcam – / Ray Pereira.
São Paulo – Casa do Psicólogo®, 2003.

  Bibliografia.
  ISBN 85-7396-239-9

  1. Auto-estima 2. Deficientes físicos – Psicologia 3. Deficientes físicos – Reabilitação 4. Escolha (Psicologia) 5. Psicologia existencial I. Título.

03-3314   CDD - 150.192

Índices para catálogo sistemático:
1. Deficientes físicos: Psicologia existencial   150.192

Impresso no Brasil
Printed in Brazil

Reservados todos os direitos de publicação em língua portuguesa à

Casa do Psicólogo® Livraria e Editora Ltda.
Rua Mourato Coelho, 1059   Vila Madalena   05417-011   São Paulo/SP   Brasil
Tel.: (11) 3034.3600   E-mail: casadopsicologo@casadopsicologo.com.br
site: www.casadopsicologo.com.br

*Para a minha família,
que faz diferença em minha vida.*

Sumário

Apresentação **9**
Prefácio: A estrada de tijolos amarelos **13**
Uma introdução às escolhas que marcam.... .... **19**

Capítulo 1
   Seria trágico se não fosse casual **23**

Capítulo 2
   Quando me olho por dentro **33**

Capítulo 3
   Do outro lado da moldura **43**

Capítulo 4
   Florescências subversivas **53**

Capítulo 5
   Uma perspectiva do sofrimento **63**

Capítulo 6
Rompimentos e recomeços 71

Capítulo 7
Assinando projetos de mudança 83

Capítulo 8
Para gostar de si 93

Capítulo 9
Muito além do mito 103

Capítulo 10
Os contrastes da diversidade 113

Capítulo 11
A hora é essa! 123

Capítulo 12
Sobre vôos e sonhos 131

Capítulo 13
Entre a vida e a morte 139

Capítulo 14
Variações sobre futuras escolhas 147

Apresentação

Somos lançados ao mundo. Nascemos. Agora não temos outra escolha, a não ser existir. Existir significa fazer escolhas. Fazer escolhas é sermos livres para existir. A vida nos vem, ou vamos até ela por meio dos fatos, acontecimentos, emoções e sentimentos, mas sempre diante deles teremos a liberdade da escolha. Quem vive a vida somos nós e a escolha é nossa quando aceitamos nossa existência. Choramos, ficamos felizes, lamentamos ou comemoramos nossas perdas ou nossas vitórias. Somos nós, que de maneira muito pessoal, existimos. Somos nós, que de maneira muito particular, nos envolvemos com a nossa vida. Ninguém, por mais que queiramos compartilhar ou dividir, poderá existir por nós. A existência de uma pessoa é só dela e é dela a responsabilidade de existir. Assim, *Que diferença faz* o fato, o acontecimento, a condição? Sempre estaremos diante de *Escolhas que marcam* nossa existência.

O autor, de maneira muito particular, consegue levar-nos a reflexões profundas sobre nossa existência, ressaltando nossa responsabilidade diante da vida. O texto revela o quanto somos livres e ao mesmo tempo condenados. Livres no exercício da escolha, mas condenados — ou, como prefere o autor, "vocacionados" — à escolha. Desperta-nos e, ao mesmo tempo, inquieta-nos ao tomarmos consciência do quanto podemos estar terceirizando nossas responsabilidades e, conseqüentemente, abrindo mão de uma existência mais plena.

Abordando temas genuinamente existenciais, Ray Pereira consegue harmonizar sua trajetória profissional e pessoal em cada capítulo. Vai desde a *percepção das escolhas* com todas as suas possibilidades, passando por questões que se relacionam com a vida, tais como o corpo, a sexualidade, o sofrimento, o amor, os projetos de vida, a auto-estima, a independência, os sonhos, a vida, a morte e o futuro. Apesar de sua veia acadêmica, os assuntos são tratados com a suavidade e a delicadeza de quem realmente conhece e assume a própria existência.

Que diferença faz? Escolhas que marcam..., é um livro escrito por um psicoterapeuta, mestre em Psicologia Social e doutorando em Saúde Pública, que é, ao mesmo tempo, uma pessoa que vive intensamente a vida, assumindo seus riscos e responsabilidades. É uma obra que consegue interessar tanto o mundo profissional e acadêmico quanto a qualquer pessoa que tenha com a vida um sentimento de lealdade com a liberdade, não somente no sentido ideológico, mas, principalmente, naquilo que é próprio da existência.

O autor sublinha o papel da cultura na construção de nossa percepção acerca das diferenças e, nesse sentido, dá um tom antropológico a seu discurso. Revela que a maior dificuldade no enfrentamento das diferenças reside na confrontação com o lugar prescrito pela cultura que assimilamos quase que de maneira atávica, sem, no entanto, percebermos sua profunda influência em nossas crenças e comportamentos. Da mesma forma, ilumina a nossa compreensão acerca do cenário da construção subjetiva das diferenças como o aspecto mais difícil de ser enfrentado por ser oculto e ignorado, embora muito presente nas relações sociais.

É nesse contexto que o autor coloca duas questões tão intrínsecas a condição humana: as escolhas e as diferenças. Observa-se que, embora ele seja portador de uma dessas diferenças — paraplégico desde os 20 anos, como conseqüência de um acidente de carro —, não fala apenas dela, mas de qualquer diferença, realçando muito mais a importância daquilo que podemos pensar sobre ela e o que podemos fazer com ela.

APRESENTAÇÃO

Nesta obra, o autor apresenta discurso claro, organizado, crescente em seus questionamentos, sem a pretensão de ser colocado como um modelo a seguir. Seu pensamento mobiliza nossos sentimentos levando-nos a indagações acerca da vida e de nós mesmos. Indagações que Ray Pereira responde examinando pontos sensíveis de nossa existência sem deixar de cuidar didática e academicamente do aspecto conceitual.

Nada mais adequado para encerrar esta apresentação, destacar a consonância do autor com o discurso existencialista, recordando Martin Heidegger [1]: *"Recuperar a escolha significa escolher essa escolha, decidir-se por um poder-ser a partir de seu próprio si mesmo. Apenas escolhendo a escolha é que a presença possibilita para si mesma o seu próprio poder-ser"*.

Célia Pessoa
Psicoterapeuta, Professora universitária
e Mestre em Psicologia Social.

---

1. HEIDEGGER, M. *Ser e Tempo*. Petrópolis-RJ: Editora Vozes. 1997.

Prefácio

A estrada de tijolos amarelos

Nossa cultura é ainda permeada por uma crença ancestral – e em boa parte inconsciente – acerca do futuro de cada indivíduo, de cada grupo, de cada nação e do próprio mundo. Trata-se de uma crença que consiste na delegação da responsabilidade pela escolha de nossos destinos a uma força oculta, cuja compreensão é inacessível à lógica elementar, mas que possui as rédeas que guiam as oportunidades e as supostas *tragédias* que acontecem ao longo da vida.

Embora este seja um pensamento já bastante questionado e discutido, ele ainda influencia nossas concepções e nossa orientação para as ações cotidianas. De fato, como observa a Psicologia – da Psicanálise às teorias mais contemporâneas –, esta é uma posição em muitos aspectos bastante cômoda, a despeito dos protestos verbais e das construções intelectuais no sentido de maldizer nossa *sorte*. Ao escolher acreditar no destino, ou na *fortuna*, como diziam alguns de nossos ancestrais, escolhemos também, automaticamente, entregar a um agente externo a nós, a responsabilidade sobre a pessoa que somos e em que nos transformamos.

Assim como nossos ancestrais, freqüentemente encolhemo-nos em nossas cavernas, atônitos com os clarões dos relâmpagos, ou então, como fizeram os nativos da América pós-colombiana, resignamonos à ocupação do estrangeiro, uma vez que já havia sido determinado por uma antiga profecia que um deus maior haveria de chegar através da figura de destemidos soldados, detentores de força e de sabedoria genuínas. É dessa mesma forma que nos resignamos à chuva do sábado de manhã que "acaba" com nosso fim de semana, ou ainda a acidentes em nosso percurso, cujas conseqüências podem estar entre a perda do horário de uma prova e a perda aparentemente irreparável da força muscular que sustenta nossas pernas.

Poucos se dão conta de que todos – todos nós, humanos – estamos, em alguma medida, destinados a escolher o modo como encarar e lidar com o que acontece ao nosso redor e em nossa própria vida. Podemos nos encolher e resmungar a tarde toda por causa da chuva, ou podemos aproveitar o dia chuvoso para encontrar aquele amigo que não vemos há muito tempo, por causa da correria do dia-a-dia e dos fins de semana ensolarados e de praia. A chuva que "acaba" com nosso fim de semana também pode ser favorável para uma boa conversa com amigos distanciados. Ou então, podemos fechar o coração para antigos projetos e ignorar possibilidades e projetos futuros, escolhendo passar o resto da vida entregues à imobilidade, ou criar, a partir daqueles mesmos projetos, algumas variações, como a conclusão de um curso superior ou a escrita de um livro.

A vida de cada ser humano está cheia de *acidentes* (ou *incidentes*, como entende o autor dessa obra) e de situações inusitadas, causadas por motivos aparentes ou não, *lógicos* ou *ilógicos*, *justos* ou *injustos*. No entanto, o que fazemos com tais situações é exatamente o que pode marcar a diferença entre a essência e a má-fé, entre a transcendência e a estagnação, como entendem os existencialistas. A questão repousa fundamentalmente no ato de **escolher**: escolher aquilo que *queremos* ser ou escolher que *os outros escolham* o que seremos. Uma vez que estamos vivos e inseridos em uma coletividade, com um amplo sistema de significações, não há como escapar de uma dessas duas alternativas. E no sentido mais concreto possível, acidentes podem ser encarados como uma reconfiguração da constelação de escolhas possíveis que podem ser feitas no aqui e agora.

É certo que fazer escolhas não é tarefa fácil. Escolher envolve riscos. Podemos gostar dos resultados de uma escolha, ou podemos perceber, depois de já ter escolhido, que deveríamos ter tomado um outro rumo. Desde o momento que é jogado para sua existência no mundo, o ser humano aprende que tomar decisões sobre qual caminho seguir, ou sobre qual ação executar, é sempre arriscado. Talvez este seja o grande aprendizado de cada pessoa ao longo de sua existência: aceitar que se pode errar, que não se é onipotente... que não se é Deus. Pois toda escolha implica em uma limitação: quando escolho um caminho a seguir, deixo todos os outros caminhos alternativos para trás. Esta idéia pode parecer aterrorizante para muitas pessoas, pois não existe qualquer garantia de que, após o próximo passo, haverá a possibilidade de volta, ou se descortinará um grande número de outras escolhas possíveis.

Por vezes o caminho que um indivíduo escolhe, conduz a somente outro único caminho. Ou então, simplesmente todos os *tijolos amarelos* que calçavam a estrada atrás de nós parecem se desvanecer no infinito. O bebê aprende isso na primeira vez que leva a mão ao fogo, a despeito da expressão de desaprovação da mãe e do pedido suave da avó. Por mais que se imagine o que pode acontecer depois do próximo passo, a garantia de gratificação imediata não existe; e é por isso que escolher causa tanta angústia em todos nós. O medo de frustrar-se novamente gera insegurança e hesitação, de modo que muitas e muitas vezes a tentação de não escolher é enorme: melhor dissimular minha escolha, deixar que outros escolham por mim, assim não me frustro mais uma vez diante do meu próprio fracasso... e não me deparo com minha impotência em perceber que *a estrada de tijolos amarelos* não é a mesma que *Dorothy* e seus amigos seguiam no país de *Oz*.

Escolher, portanto, em alguma medida sempre gera angústia, porque sempre aponta para uma limitação. E parece óbvio que a angústia é um sentimento *mau*, que deve ser evitado. No entanto, uma vez que a escolha é objetivamente impossível de ser extinta, podemos subverter este sentido tradicional da angústia e da dor. Enquanto o homem se encontra em estado de *homeostase*, ele pouco ou nada produz de novo ao seu redor, pois se não há uma certa dose de desconforto, não há necessidade de mudança. Ou, pelo menos, não se visualiza esta necessidade.

A história já demonstrou em vários episódios que, freqüentemente, são aqueles que mais sofrem de angústia os que criam as grandes máquinas revolucionárias, como séculos atrás os camponeses criaram o arado; ou as estratégias de jogo melhor sucedidas, como fizeram os vietnamitas para defender seu pequeno país da pesada invasão armada norte-americana nos anos 60 e 70. Mas, o mais importante dessa condição é que, para além de ganhos materiais, a angústia é o mote de criação dos valores humanos mais dignos, como a solidariedade e a honestidade. Não se trata de aparência física ou de palavras bem arrumadas, soltas ao vento: é o **ato** que define o homem. Na conta final da história de vida de cada um e da própria história coletiva, importa menos o que as circunstâncias fazem do homem, do que o que o homem faz a partir do que fizeram dele – idéia central do Existencialismo de Sartre.

Jamais se poderá afirmar, após a leitura desse livro, que aceitar a perda dos movimentos de parte do corpo funciona nessa história (como na de algumas outras, tantas quantas forem construídas de forma semelhante) como um escape da realidade. Ao contrário, as vivências que ilustram as formulações do autor, representam muito mais uma ampliação de consciência do que uma fuga. Representam a coragem de enxergar a si próprio como algo que transcende a mesmice do deixar-se levar pelas escolhas dos outros, que insistem em dizer quando alguém deve sentir (ou não) prazer, ou quando deve (ou não) sentir dor. Escolher ser autônomo, ao invés de escolher acatar o julgamento de outros sobre seus limites, foi o que fez a diferença para esse autor. Foi também o que lhe conferiu dignidade individual e o que representou a semente da criação de um novo significado para as palavras *deficiência, limitação, independência, auto-conhecimento, sofrimento, vida, morte, diferença, sonhos, tempo, tragédia* e *casualidade*.

Quando escolheu renascer, ao invés de resignar-se, recriar-se ao invés de deixar que outros o definissem, Ray Pereira optou pela responsabilidade diante de sua própria vida, único terreno onde poderia realmente escolher quem ele poderia ser. O mais importante, depois disso, é o valor que fica, após esta corajosa decisão, para tantos outros 'Rays' que rodam com suas cadeiras sobre calçadas esburacadas, criando trajetos alternativos onde aparentemente só existem barreiras... físicas ou humanas. Toda criação para o indivíduo alcança também a coletividade, pois ele faz parte de uma (ou de várias), quer queira, quer não. Pode provocar pena e rejeição, inveja ou agressão, mas também ajuda a construir valores, projeta referências de respeito, e sobretudo **inspira** outros indivíduos. As escolhas de um homem funcionam como modelos propulsores da construção de novos significados e, conseqüentemente, de novas relações entre as pessoas. Ou seja, impulsiona a construção de uma nova sociedade.

Assim, a responsabilidade pela criação, antes e depois que ela se dá, revela-se como individual, mas, também como coletiva. A opção criativa de uma única pessoa faz da história dela própria uma inspiração para todos os grupos e subgrupos a que pertence e é capaz de abalar estruturas tidas como definitivas e imutáveis, colocar em xeque concepções milenares, propor novos modelos de compreensão de si mesmo, do uso das próprias capacidades e de como o mundo funciona ou pode vir a funcionar. Ela lembra a cada um de nós, menos do peso e do terror diante do risco e da frustração, e mais da beleza da liberdade que passamos a carregar conosco desde o momento de nosso nascimento: esta é a condição humana última de cada um de nós e todo o arsenal de que dispomos e precisamos para alcançar a realização pessoal.

Cíntia Scelza
Psicóloga, professora universitária,
Mestre em História Social,
doutoranda em Psicologia Clínica.

Uma introdução às escolhas que marcam...

Um piscar de olhos é tempo suficiente para se nascer ou morrer. Num ato involuntário, abrimos e fechamos os olhos milhares de vezes por dia. O ato pode ser controlado, mas se perpetua instintivamente, independente do nosso controle. Piscamos os olhos a toda hora. Todos os dias. A vida inteira. O número de vezes que piscamos os olhos durante a vida é tão elevado que só poderia ser definido por estimativa. E cada vez que nossos olhos se abrem uma nova cena se descortina diante de nós.

Nosso olhar é facilmente enganado pelas cenas que se sucedem. São cenas parecidas. Juramos serem idênticas! Mas, de fato não são. Não fossem os olhos humanos instrumentos limitados, de pouca precisão, saberíamos que cada cena é nova, única. Fechamos os olhos e a cena se perde. Se esse tempo tão diminuto é suficiente para se nascer ou morrer, ao longo da vida temos um número incontável de novas oportunidades ou chances para renascermos ou morrermos.

Num piscar de olhos óvulo e esperma se abraçaram e aqui estou eu, quase quarenta anos depois desse abraço microscópico que me trouxe à vida. Da mesma forma, num piscar de olhos um aneurisma se rompe, a *bala perdida* se acha, o coração pára... Vivemos entre esses extremos conhecidos como vida e morte e enquanto vivemos temos a liberdade de olhar para trás e dar um significado todo nosso para um abraço celular despretensioso que virou gente...

Num piscar de olhos nascemos, morremos... E num piscar de olhos também renascemos quando um carro desgovernado cai num precipício e um rapaz de vinte anos fica paraplégico... E *acidentalmente* passamos a ver a vida com outros olhos, buscando um novo sentido que realmente faça alguma diferença para nós.

Num piscar de olhos um *incidente* qualquer pode mudar nossa vida, independente da nossa vontade, independente da nossa escolha. E, se num piscar de olhos não pudermos mudar voluntariamente a própria vida, podemos a qualquer momento mudar a direção, ou mesmo recomeçar a *caminhada*. Somos livres para fazer novas escolhas!

Quando quero, posso manter os olhos abertos por algum tempo. Posso parar de piscar por alguns instantes e fixar os olhos numa cena que me interessa, acompanhando atentamente as cenas que se sucedem... Por mais interessante e belo que seja o cenário que atrai meu olhar, acima dele, em beleza e importância está a liberdade que me possibilitou manter os olhos abertos e a escolha que pude fazer quando, sem perceber, decidi mergulhar nesse cenário.

Nossa vida é uma seqüência infindável de piscares de olhos. Não percebemos a grande maioria deles, mas acontecem. A saúde e o funcionamento dos olhos dependem primordialmente desse ato que nem chega a ser percebido. Da mesma forma, nossa vida é também uma seqüência infindável de escolhas que, como o piscar de olhos, costumam não ser percebidas, mas acontecem... E acontecem com uma freqüência tal, ao ponto de poderem determinar os rumos de nossa vida.

Quando nos apropriamos da liberdade e da possibilidade de fazer escolhas descobrimos que a vida faz mais sentido ao participarmos ativamente de cada cena que nos interessa. Se minha vida faz algum sentido, por trás desse sentido está a minha própria participação naquilo que escolho ou deixo de escolher. Em outras palavras, somos responsáveis pelo rumos que nossa vida toma na medida em que somos livres para escolher, na medida em que somos responsáveis pelas escolhas que fazemos ou deixamos de fazer.

Capítulo 1

Seria trágico se não fosse casual

  Acidentes de trânsito acontecem a todo instante no Brasil. Mortes e atropelamentos são convertidos em índices estatísticos que alimentam campanhas educativas, cujo efeito, por mais positivo que seja, não tem sido suficiente para melhorar a segurança e a qualidade do trânsito. O caos urbano, a má conservação das estradas, a imprudência e o abuso do álcool transformam o trânsito numa atividade que ameaça a vida de motoristas e pedestres. Estamos todos expostos ao risco, mas muito poucos consideram a possibilidade de se envolver num acidente. É como se o atropelamento, a colisão, os ferimentos e as mortes fossem acontecer somente com os outros... Mas, acidentes acontecem. E acontecem com muita freqüência. Num desses incidentes o acidente pode ser com você, da mesma forma como foi comigo.
  Freqüentemente a mídia utiliza pessoas portadoras de deficiência como protagonistas em campanhas publicitárias acerca do trânsito. O mesmo acontece por ocasião da vacinação contra a paralisia infantil. Sempre que vejo os protagonistas em ação acompanho atento cada detalhe da produção, sempre torcendo para que a abordagem não seja tão desastrosa. Tais campanhas pretendem "educar" a população, mas, a imagem explorada é uma "sutil ameaça explícita" que apresenta a deficiência como castigo certo para quem dirigir embriagado, ou para a criança que não tomar a *gotinha* no dia tal. Enquanto ameaça a

população, tal imagem pode até influenciar positivamente motoristas e pais, mas, sem dúvida, a abordagem ambígua atropela a imagem do portador de deficiência, que pode estar ali representando tanto a vítima de um atropelamento quanto o réu punido que dirigia embriagado.

Para o senso comum tanto os acidentes de trânsito quanto a própria deficiência são elementos impregnados de negatividade. Ninguém, em sã consciência, planejaria para si uma colisão ou capotamento, e muito menos desejaria contrair uma deficiência. Porém, planejando ou não, diariamente acidentes acontecem. A ocorrência das deficiências, segundo a Organização das Nações Unidas (ONU), atinge o patamar de 10% da população mundial. Os acidentes diversos, especialmente os automobilísticos, garantem a constante renovação de boa parte dessa cifra. Ou seja, os acidentes são freqüentes e inevitáveis! Por essa razão, é muito comum motoristas supersticiosos carregarem santinhos, guias, figas e outros amuletos em seus veículos, na esperança de que alguma força acima deles possa protegê-los de uma eventual *má sorte* no trânsito. Sim, pois um *incidente* dessa natureza, no mínimo, causa muita dor de cabeça, prejuízos e ainda por cima pode deixar um homem *inutilizado*. É assim que vamos construindo a nossa concepção acerca dos acidentes automobilísticos e da deficiência.

Quando eu recebi a informação de que a viagem de volta para casa foi interrompida por um acidente, antes mesmo de tomar conhecimento dos detalhes daquele fato, meu cérebro buscou instantaneamente em algum canto da memória tudo o que já havia sido registrado ali sobre acidentes de trânsito. O carro em que eu e mais dois amigos viajávamos furou o pneu dianteiro direito e isto fez com que ele saísse da estrada. Até aqui isso nem é acidente que se preze. O carro desgovernado foi saindo da estrada, foi perdendo velocidade sem grandes conseqüências... quase chegando a parar. Mas, nesse *quase* havia um precipício e o carro despencou por um despenhadeiro íngreme, capotando várias vezes. Poucos instantes após o carro se acomodar no chão eu entrei em estado de choque, só acordando muitas horas depois. Meus amigos nada sofreram. Eu

Capítulo 1 – Seria trágico se não fosse casual

dormia no banco traseiro, por isso fraturei a coluna, mas só tomei conhecimento de tudo posteriormente, quando me dei conta de que aquele barulho estranho que ficou registrado durante o meu "sono" era a única lembrança consciente do acidente.

Aquele dia foi um divisor de águas em minha vida. Sofri um acidente grave, sim, mas grave mesmo era o estado da minha mentalidade impregnada pela cultura da tragédia. E todo o contexto que me cercava estava igualmente contaminado. Não se pode negar que as implicações daquele *incidente* eram sérias, concretas e palpáveis. Quem vivencia um evento dessa natureza lida tanto com a situação de fato quanto com a cultura da tragédia. Esta última costuma ser tão traumatizante quanto a primeira, pois é ela que limita o nosso crescimento a partir de uma experiência tão marcante.

Desde os primeiros dias após o acidente eu tive muita curiosidade em conhecer o local em que o carro caiu. Lembro-me de que poucos meses depois passei pelo local em que o carro saíra da estrada. Essa viagem foi aguardada com certa euforia e, claro, quis parar e conhecer o local; quis ver de perto e com meus próprios olhos onde foi que eu caí. De imediato houve alguma resistência... um certo desconforto por parte das pessoas que me acompanhavam. Achavam que poderia me fazer mal olhar aquele lugar, como se o local fosse amaldiçoado. Insisti. Paramos lá e eu pude ver parcialmente o lugar, pois não podia sair do carro. Olhei de cima apenas... Minha condição física naquele momento e a posição do automóvel em relação ao precipício me impediam de ter uma visão em profundidade. Por mais que quisesse visualizar lá em baixo a parte mais profunda do abismo eu não conseguia...

Pouco a pouco fui saindo da superficialidade e a visão em profundidade foi se desenvolvendo à medida que eu mergulhava mais fundo na tal tragédia. Naquele primeiro contato com o local do acidente eu ainda não tinha olhos que pudessem ver além... os horizontes ainda eram próximos e muito nebulosos. Parei naquele local muitas outras vezes, sempre por interesse meu e quase sempre a contragosto ou desinteresse de um ou de outro...

Entendo que o desencontro de interesses, de opiniões e sobre o que aquele lugar passou a representar para mim era em função da visão distorcida, tanto minha quanto dos outros. O lugar em si é uma pequena propriedade rural na zona da mata mineira e quanto a isso não há distorções. A visão que tentaram implantar em mim é a de que ali era o local da tragédia, por isso deveria ser evitado, ignorado ou esquecido... Mas esta não era a minha visão. Também não vi nunca aquele local apenas como uma propriedade rural... sempre representou muito mais para mim, mas eu não tinha muita clareza, por isso minha visão também era distorcida... faltava foco, o que foi sendo melhorado com o passar dos anos.

De fato, é muito difícil transformar uma cultura. Somos nós mesmos que a construímos ao longo dos anos, décadas, séculos, e esse processo lento e silencioso envolve forças que nem chegam a ser percebidas. A opinião e o sentimento das pessoas diante de qualquer acidente automobilístico é resultado de uma cultura que não costuma estimular a busca por elementos positivos em um acidente onde a paraplegia figura como conseqüência. Sinto que enfrentei essa cultura que tentava fazer daquele local a minha quase sepultura; foi assim que aquele lugar ganhou um novo significado, tornando-se o local do meu renascimento, o primeiro berço a me acolher quando tudo parecia estar perdido.

Naqueles primeiros anos olhava aquele lugar com ar de reverência e de respeito, como se a queda do carro naquele precipício tivesse resultado num portal mágico ou simbólico, um portal em que lado a lado se pudesse visualizar vida e morte, sucesso e fracasso, bênção e maldição. Passar pelo portal significa caminhar e crescer num limiar de vida-morte, sucesso-fracasso, bênção-maldição. Por mais doloroso e desafiador que fosse atravessá-lo, certamente acomodar-me naquele abismo representaria uma perda muito maior. Nem mesmo o carro avariado apodreceu no local, apesar da aparente perda total. Inutilizado, rendeu alguns trocados num ferro-velho qualquer. Seria uma afronta à vida se o destino do carro fosse melhor que o meu. O automóvel foi reciclado e eu continuei vivo. E basta!

Capítulo 1 – Seria trágico se não fosse casual

À medida que vamos aprofundando nossa visão, à medida que buscamos novos horizontes passamos a ver diferente. A cena do acidente é apenas mais uma nesse país. É corriqueira e muito pouco expressiva. Eu também poderia ser apenas mais um... Isto é a superfície! Naquele primeiro contato com o local, quando não pude ver a parte mais profunda daquele abismo, eu tinha apenas a visão comum, o ângulo de qualquer motorista que passa por aquela estrada. Ao passar por ali ninguém percebe que há um abismo bem ao lado. E ao encará-lo é fácil de se concluir que, se alguém cair naquele precipício, adeus! Mas, e o portal da vida, lá embaixo? Não há portal da vida naquele local, esta é a verdade. Não há. O portal é meu. Eu o criei. Se não criasse um portal da vida para mim, o abismo e a cultura da tragédia poderiam ter produzido uma morte para mim.

Renascer ali foi uma escolha, um longo processo que talvez ainda nem tenha terminado... se é que ainda vai terminar. Diariamente todos nós estamos expostos a acidentes e essa metáfora pode ser ótima ou péssima, a depender da escolha que cada um faz para si. O acidente pode ser a janela quebrada ou o prêmio da loteria, a demissão do emprego ou a aprovação no concurso, a bala perdida ou o cinema na tarde de sábado, o carro desgovernado caindo no abismo ou a vida transpirando na pele. Lidar com acidentes é lidar com escolhas. Nesse aspecto, a gravidade do acidente pode estar mais na escolha do que no ato propriamente dito.

Já me perguntaram algumas vezes o que faz um portador de deficiência estar *de bem com a vida*. O que determinaria isso? Seria a situação financeira e a estrutura familiar? Seria a qualidade do atendimento médico, fisioterápico e psicológico disponíveis? Seria a maturidade ou a "garra" existentes antes do acidente? Seria o local... interior de Minas Gerais ou arredores de Brasília? A resposta é não, nada disso é determinante. Todos esses elementos podem ser importantes, mas, podem também, por incrível que pareça, não fazer a menor diferença.

Estar *de bem com a vida* após um acidente não é algo que começa fora da gente. Os elementos externos ou preexistentes podem até somar, podem influenciar, mas não decidir. A vida é sempre intrínseca. Ou brota de dentro ou não existe. E isto também é uma questão de escolha. Claro que esse ponto de vista vai contra a prática da terceirização da responsabilidade, essa prática tendenciosa que funciona da seguinte forma: se eu estou *de bem com a vida* eu sou uma pessoa forte, madura, lutadora; e se não estou, é porque o país não dá condições... é a falta de recursos... é a falta de apoio... é a miséria...

Quando não assumimos a responsabilidade pelo destino da própria vida certamente ainda estamos parados à beira da estrada olhando o precipício apenas como o local da tragédia. A visão superficial ainda predomina e o portal da vida é apenas o fundo de um precipício qualquer. Romper com tudo isso é uma escolha muito pouco reforçada, já que os apelos e ações paternalistas surgem de toda parte a fim de *acolher* a vítima.

Acolhimento e apoio são muito importantes. Isto é inegável! Eu tive acolhimento e apoio, o que, sem qualquer sombra de dúvida, somou e muito para mim. Entretanto, algo que é tão necessário e saudável no momento oportuno pode se tornar nocivo quando não se limita apenas ao momento oportuno. Acolhimento e apoio em excesso facilmente se transformam em paternalismo, que por sua vez favorece a acomodação, dificultando o crescimento e o amadurecimento da pessoa.

Um acidente é sempre um fator de crescimento na vida de qualquer indivíduo. É uma chance ímpar de repensar a vida e a nossa postura diante desse bem tão precioso. Dificilmente uma experiência tão marcante ficaria apenas no plano da indiferença. Ou crescemos ou estagnamos. Não é possível congelar a imagem no momento do acidente tentando manter o corpo e a vida inalterados. Se o resultado for a paralisação de músculos, naturalmente eles começam a se atrofiar, a perder o tônus. É a tendência natural. O que se aplica também à vida quando voluntariamente paralisamos o querer, a vontade e o desejo: a atrofia é certa!

Uma marca concreta e profundamente significativa daquele acidente é a data em que tudo aconteceu. Uma marca que tem atravessado o tempo e que sempre renova a importância daquele dia.

Capítulo 1 – Seria trágico se não fosse casual

Passei a comemorar aquela data com mais entusiasmo que o meu aniversário de nascimento. É uma comemoração muito pessoal e pouquíssimas pessoas participam disso comigo até por não entenderem bem tal entusiamo. Entendo o quanto é incomum esta minha relação com os fatos, afinal eu também passei pela fase da superficialidade. Eu também fui influenciado pela cultura da tragédia. Mas, re/aprendi a *caminhar* em direção à vida dando um novo significado para uma data, um cenário e um contexto de morte. Acidentalmente eu sobrevivi. Por escolha e vontade própria renasci.

Minhas comemorações do re/nascimento nunca foram na forma de festas. De fato, é tudo muito íntimo e discreto. O acidente foi em abril de 1984 e já a partir do ano seguinte sempre me vi mais inspirado e produtivo nos meses de abril. É como se nessa época a vida se revigorasse, confirmando e reafirmando a sua beleza. Em abril meu amor pela vida é mais intenso. É em abril que faço meus balanços. É em abril que faço novas escolhas. É sempre em abril que eu mais re/aprendo sobre o sentido da vida.

Quase duas décadas se passaram. Eu poderia estar agora respirando e levando a vida sem qualquer entusiasmo. Nesse caso, aquele precipício seria apenas mais um, dentre tantos abismos espalhados pelas margens das estradas. Aquele precipício seria o abismo em que eu teria morrido e desde então minha respiração seria apenas orgânica. Eu estaria respirando e vivo, mas não estaria transpirando vida.

Um acidente é *desastre* ou *tragédia*, mas pode ser também um *acontecimento casual*. A distância (e que distância!) entre um e outro significado me faz crer que um acidente não tem mesmo sentido próprio, não significa nada em si mesmo. E por ser assim tão vazio de sentido é que o sentido vem de fora, como algo dado e não como algo inerente, uma lacuna a ser preenchida: Acidente é: *desastre ou tragédia.* Acidente é: *acontecimento casual.* Meu acidente enquanto lacuna mereceu mais que um sentido. Sobre o vácuo dessa lacuna eu construí uma ponte... escolhi transpor o precipício e transformar em paisagem viva uma triste cena de quase morte.

Capítulo 2

Quando me olho por dentro

Desvendar a vida é um desejo que sempre incomodou o homem. A ciência herdou esse desejo e fez dele uma meta. Nesse início de terceiro milênio essa meta parece já ter sido esgotada, levando-se em conta os avanços científicos e todo o volume de conhecimento já adquirido a respeito da vida. Grande engano! As descobertas da ciência sempre apontam para novas metas, como se o movimento da vida fosse sempre dialético e repleto de recomeços, como se cada meta alcançada apontasse sempre para uma outra, mais distante e mais desafiadora que a anterior.

Mas, o desejo de desvendar a vida extrapola a biologia, os laboratórios e os jalecos brancos. Nessa dimensão, a vida começaria no nascimento e a duração dela se estenderia até a morte. O que parece concreto e acabado se abala ao ser novamente desvendado, dando lugar a novas indagações: A vida começa no nascimento ou na concepção? Termina ou não com a morte? Se no passado essa última pergunta era da competência exclusiva dos teólogos, agora, não mais. A mesma ciência que desvenda a vida também tem franzido a testa diante da morte.

Se desvendar a vida é um desejo quase inatingível, por outro lado, o viver, como existência, é uma experiência profundamente rica, porém, bastante rara, mesmo quando a vida representa apenas aquela duração de tempo que vai do nascimento até a morte, ou da concepção até o além. Independente de serem ou não esses dois pontos o princípio e o fim, muita vitalidade poderia se expandir no decorrer da nossa existência, mas, nem sempre é assim. Biologicamente somos todos programados para sobre/viver. Nesse mundo orgânico, onde tudo é tão preciso e organizado, facilmente confundimos existência com funções orgânicas. E assim, nem chegamos a aprender que para manter-se vivo é preciso respirar, mas, para existir, é preciso ser.

Minha história de vida, mais do que meus estudos, me ensinou muito sobre funções orgânicas e sobre a existência. O aprendizado foi amplo, abrangendo do formal ao vivencial. E quanto mais avançava nesse processo, mais eu me dava conta de que Vida era algo superior, sublime. Precisei conhecer e reconhecer meu corpo... Aliás, antes mesmo desse processo acontecer, a vida esteve por um triz e foi a partir desse *incidente* que veio a necessidade de conhecer e reconhecer o corpo. Aprendi biologia na própria carne e sem muitas náuseas, quando considero que os resultados obtidos naquele laboratório vivo foram pouco a pouco enriquecendo minha existência.

Foram muitos os contatos com hospitais, médicos, enfermeiros, terapeutas. São pessoas que se dedicam à vida, fazendo funcionar esse corpo nosso da melhor maneira possível. O saber, as técnicas, a perícia e a dedicação de cada profissional são aplicados na preservação da vida. O arsenal é muitíssimo importante, mas não é infalível. Apesar das limitações, esse arsenal torna-se poderoso se somado à vitalidade, essa força que move a vida, que transforma o corpo de um vivente (ou sobrevivente) num organismo ativo, intenso e cheio de vivacidade. Mas, por outro lado, por mais sofisticado que seja o poderoso arsenal médico, ele contribui muito pouco onde não existe essa vitalidade, como se vida ou morte fosse uma silenciosa escolha que cada paciente faz, à revelia dos médicos e da ciência.

Quando me olho por dentro sinto que fiz um pacto com a vida. Quando, como e onde aconteceu, eu não sei e não me preocupa saber. Basta-me a intuição, mas, além dela há também algumas evidências... *Acidentalmente* descobri a intensidade do meu amor pela vida e desde então nunca deixo de ter em mente que viver é muito bom, independente de qualquer coisa. É assim que a vitalidade se aflora. Nenhuma negociação produziu esse pacto. Ele foi gerado por uma vocação que é inerente a qualquer pessoa. Nesse aspecto, a vocação não é um privilégio meu, já que somos todos vocacionados para a vida. Bastou descobrir a vocação e permitir que ela fluísse através da minha pele.

A experiência já dura anos, mas ainda está em franco processo. E não creio que algum dia se esgote, pois a vida, por si mesma, já é essencialmente dinâmica e inesgotável. Mesmo quando um indivíduo escolhe parar no tempo, a vida não perde essa dinâmica, mas vai perdendo a beleza e a graça... a existência perde o viço e o corpo voluntariamente anseia pela chegada da morte. O corpo respira, mas a existência vai murchando feito um fóssil vivo... Parece que a vida é sublime mesmo com a chegada da morte! Quando um arqueólogo descobre um fóssil, o achado não seria valioso se não se reportasse a alguma forma de vida, mesmo que distante no tempo, mesmo que extinta.

Vida é um processo lento e silencioso de transformação. O processo muitas vezes é intrínseco, mas sempre deixa espaço para a influência humana. É nesse plano que cada ser humano pode e deve atuar com suas escolhas. Se assim não fosse, seria inútil investir em qualidade de vida, saúde, bem-estar, análise ou terapia. A vitalidade é o combustível dessa transformação rumo ao crescimento. Ela está sempre presente, mas nem sempre é utilizada. É dessa forma que neutralizamos nosso processo de crescimento existencial.

Dependendo do olhar, uma deficiência aparentemente comprometeria a qualidade de vida e até mesmo a vitalidade de alguém. As pessoas que não convivem diretamente conosco pensam que nós, portadores de alguma deficiência, temos uma vida muito dura. Curiosamente esse olhar piedoso costuma ignorar a dureza da discriminação e de tantas outras barreiras humanas, externas à deficiência, uma vez que é dirigido especialmente para aquelas atividades que fazem parte do nosso cotidiano, como montar e desmontar uma cadeira, a locomoção nas ruas e calçadas não preparadas para nós, ou o desempenho de nossa atividade profissional.

É como se nossas atividades mais corriqueiras fossem muito mais difíceis para nós do que para os outros, o que tornaria a nossa vida muito mais dura que a dos demais; ou como se aquilo que é simples para as pessoas consideradas "normais" fosse muito difícil para nós. Esse olhar distorcido amplia muito as nossas limitações, ao mesmo tempo em que ignora sumariamente todo o nosso potencial.

Não posso, nem pretendo minimizar os muitos obstáculos e dificuldades que enfrentamos diariamente, mas, vale lembrar que todos os seres humanos estão cercados por obstáculos de toda ordem, independente de usar uma cadeira de rodas para se locomover. Obstáculos existem, isso é inegável. É inegável também que obstáculos existem para todos, indiscriminadamente. No nosso caso, por uma questão de sobrevivência, aprendemos a lidar com eles e a seguir em frente, algumas vezes superando, outras vezes apenas contornando-os . Isto faz com que nossa vida seja, na prática, bem menos dura do que parece ser. Esta *adaptação* pode acontecer no contexto de vida de qualquer indivíduo, portador de deficiência ou não, pois, na verdade, não são os obstáculos que paralisam as pessoas... O que realmente paralisa as pessoas é a atitude que elas têm frente aos obstáculos.

As maiores barreiras quase sempre estão dentro de nós mesmos. Os obstáculos que encontramos no caminho podem influenciar em maior ou menor grau a nossa vida, a depender da nossa atitude. Os portadores de deficiência física existem desde os tempos mais remotos e com eles a dificuldade de locomoção. No passado eles ficavam confinados em casa, na cama, pois havia uma barreira concreta impedindo a interação com o mundo: Eles não podiam caminhar!

A realidade dos portadores de deficiência física mudou radicalmente quando alguém tomou uma atitude e inventou uma cadeira de rodas. A atitude pioneira foi de um jovem alemão de 22 anos, paraplégico desde os três anos de idade, que construiu ele próprio a sua cadeira de rodas. Seu nome é Stephan Farfler, o primeiro homem a usar uma cadeira de rodas para se locomover. Isto se deu no século XVII, no ano de 1655. A cadeira era muito rudimentar, mas a atitude

Capítulo 2 – Quando me olho por dentro

de Farfler mudou sua vida e a de milhões de paraplégicos no mundo inteiro (Pecci, 1980)[1].

Muitas vezes, necessidade e recursos convivem lado a lado. Foi assim com a deficiência física e a roda durante muitos séculos. A deficiência produzia uma necessidade de locomoção que a roda, como recurso, poderia suprir. A carência de atitude coloca em evidência apenas a barreira da necessidade, enquanto os recursos são sempre ignorados, por mais luz que haja sobre eles.

A atitude é um elemento que combina muito bem com esse aspecto dinâmico da vida. Com atitude reconstruímos, reinventamos, transformamos a "vida dura" e ela passa a ser apenas vida. "Dura" é a condição atribuída à vida, é a ênfase no obstáculo, como se ele pudesse endurecer a vida. Seria a vitalidade – essa força que move a vida – tão inferior à dureza de um obstáculo, ao ponto de a vida se esvaziar de possibilidades e sentido, tornando-se apenas uma vida bruta e dura? Não creio. Não posso crer que nossa energia mais vital possa ser neutralizada por problemas, dificuldades ou obstáculos de qualquer natureza.

Acredito muito na força da vida. Mesmo nos momentos em que me vi cercado de obstáculos essa força sempre foi mais evidente que os próprios obstáculos. Eu estaria mentindo se dissesse que nunca fui vencido por alguma barreira; claro que perdi muitas vezes! Mas foi enfrentando sempre que aprendi a transformar barreiras e dificuldades em desafios. Com essa atitude, os recursos para superar os desafios vão surgindo dentro da gente e à nossa volta, como se a vida se recriasse frente a cada obstáculo, convertendo-o numa nova oportunidade de crescimento.

Haveria uma receita, um segredo que ao ser revelado pudesse aperfeiçoar ou mudar nossa atitude frente aos obstáculos da vida? Creio que não, mas, mesmo que houvesse, tal recurso inevitavelmente começaria ou terminaria na própria pessoa. Temos uma força interior muito grandiosa, mas ela se perde por falta de autonomia. Embora

---

1. PECCI, João Carlos. *Minha profissão é andar*. São Paulo: Summus Editorial. 1980

inerente ao ser humano, esta força não atua sozinha; é irremediavelmente dependente de uma ação que está além dela. Esta ação é exclusivamente humana e poderia ser compreendida como "uma razão de ser". Quando encontramos uma razão de ser para a vida passamos a existir nesta razão e dirigimos para esse alvo a nossa energia vital.

E não há nada mais pessoal, nada mais singular que essa razão de ser. Em respeito à própria vida, bom seria que nossa razão de ser fosse sempre a felicidade, a realização como pessoa... De certa forma as pessoas buscam silenciosamente por essa realização quando se dedicam a alguma coisa, pois, acredita-se que uma pessoa realizada é uma pessoa feliz. Quando essa busca é bem-sucedida não quer dizer que a pessoa tenha buscado no lugar certo – não há depósitos de felicidade por aí, escondidos feito tesouro! Quer dizer, isto sim, que ela buscou da forma correta. É a razão de ser manifestando-se na dedicação ao trabalho, na devoção religiosa, na militância política, numa causa humanitária ou onde quer que o nosso desejo floresça.

Encontramos pessoas felizes em qualquer segmento social ou humano, em qualquer classe social, em qualquer país do mundo. Ao lado delas encontramos também muitas pessoas infelizes, frustradas, doentes no ponto de vista existencial. Parece que mais uma vez voltamos ao ponto inicial: A pessoa. Eu... Você... A variedade de pessoas faz com que encontremos num mesmo grupo religioso, ou numa mesma causa humanitária, pessoas felizes ao lado de pessoas infelizes. Se todos ali fossem declaradamente infelizes tanto o grupo religioso quanto a causa humanitária desapareceriam. Caso contrário teríamos encontrado uma receita, ou o mapa do tesouro da felicidade.

Encontrar uma razão de ser para a vida pode parecer um desafio difícil. De fato, não é algo muito simples. Talvez o desafio maior venha depois de termos encontrado essa razão de ser... Desafio arrojado mesmo é a coragem de ser, com todas as implicações decorrentes dela.

Coragem de ser, antes de mais nada, é um desafio interior. Muitas vezes temos convicções, crenças, desejos, fantasias e sonhos muito bem estabelecidos dentro da gente. Estabelecidos e, muitas vezes, até amadurecidos, mas não necessariamente assumidos. Falta coragem de ser o que somos, o que temos, pensamos, desejamos, fantasiamos ou sonhamos. Em torno disso surgem os conflitos internos que levam muitas pessoas a padecer de dolorosas angústias, tristezas, pânicos e outros males da alma. Felizmente não são males incuráveis, mas podem se arrastar por longos anos quando a falta de coragem de ser convive lado a lado com a falta de coragem para agir em busca de algum tipo de ajuda profissional.

Algumas vezes a situação interna já nem é mais de conflito. A pessoa já adquiriu coragem de ser para si. Esse é o primeiro passo para assumir-se como pessoa e expor-se ao mundo. A coragem de ser para o outro é um desafio de proporções diferentes, já que estamos lidando com toda uma estrutura social, com seus valores, crenças e cultura. Coragem de ser para o outro, num contexto muitas vezes desfavorável, é um desafio tão arrojado quando assumir-se para si. Pode parecer difícil, pode parecer até impossível se o nosso olhar dimensionar a questão dessa forma. Mas, qualquer que seja a dimensão real dessa dificuldade, ela jamais poderá superar o potencial da nossa vitalidade

A vida é o nosso bem mais precioso, o nosso maior patrimônio. O simples fato de estar vivendo é uma beleza de tal ordem que deveríamos estar sempre de bem com a vida, mas isso depende das escolhas que cada um faz para si. Estando de bem com a vida, mesmo as situações mais adversas podem ser enfrentadas com menos sofrimento e desgaste. A vida é um patrimônio precioso e esse valor não se deprecia nem mesmo quando deixamos de cuidar dele. Estamos todos sujeitos a situações que, mesmo contra a nossa vontade, nos trazem problemas de toda ordem. Mas, todos esses *incidentes* externos e alheios à nossa vontade se transformam positivamente quando sobre eles depositamos a nossa vitalidade, essa força incrível que move a vida e o mundo, mesmo que nossos músculos estejam paralisados.

Capítulo 3

Do outro lado da moldura

Um espelho diante do corpo. Cena corriqueira. Tão corriqueira que quase ninguém a percebe. E assim, quase ninguém se percebe. Eu também repetia mecanicamente o mesmo ato diariamente e o espelho nada mais era além de um instrumento usado para constatar se o cabelo estava bem penteado, se a roupa estava bonita... enfim, um simples objeto a serviço da minha vaidade. Mas a qualidade dessa relação corpo-espelho mudou, e mudou profundamente. Era mais uma etapa a ser vivida. Uma nova etapa que trazia desafios tão arrojados que mudariam profundamente a minha concepção de corpo. E foi a partir de um *olhar-se* no espelho que a consciência do meu próprio corpo começou a se expandir.

O espelho me fazia perceber que havia um corpo em minha vida. O corpo sempre esteve ali, diante dos olhos, palpável e ainda assim um ilustre desconhecido. O mesmo corpo que até então não costumava ser percebido, pouco a pouco passou a ser apreendido à medida que se descortinava todo um sentido simbólico a partir daquele emaranhado de fibras musculares. O mais tênue esboço de movimento era agora notado com muito entusiasmo, como se o corpo fosse apenas um gerador de movimentos. A expectativa pela recuperação dos movimentos era o resquício de uma experiência anterior para a qual o corpo não era nada além de músculos, sangue, ossos... e movimento. Claro! Que finalidade teria um corpo parcialmente imobilizado? Essa pergunta muitas vezes aparecia estampada em olhares discretamente inconformados, olhares de pessoas próximas, familiares, amigos, pessoas queridas que silenciosamente brigavam com os fatos.

O contato com o corpo torna-se muito freqüente e intenso num processo de reabilitação física. O resultado do processo pode ser muito positivo fisicamente e profundamente significativo se por meio dele acontecer também um movimento da pessoa em direção a si mesma. É a introspecção via pele. Enquanto as expectativas médica, pessoal, familiar e social demandam por uma recuperação que possa aproximar-nos ao máximo de um modelo de "homem padrão", o corpo, silencioso e sábio, elabora lentamente um outro percurso, como se o seu intenso desejo fosse muito mais importante que uma contração muscular perfeita. E a expectativa do corpo parece ser da ordem da transcendência: ser mais que músculos, ser mais que aparelho motor, ser mais que movimentos elaborados e precisos.

Tornar-se paraplégico é receber de presente um novo corpo. No início a relação é bastante difícil, pois o referencial é um antigo corpo que já não se possui mais. É como cair num labirinto ou como existir em meio a um caos onde, de alguma forma, a ordem está presente, mas não conseguimos percebê-la. Para alguém de *corpo leigo*, leia-se: não-portador de deficiência, o objetivo de um paraplégico *principiante* num processo de reabilitação física seria algo voltado exclusivamente para a recuperação da marcha, ou, em outras palavras, algo voltado para a locomoção. Entretanto, nesse labirinto, ou nesse caos, o corpo se perde em meio a uma infinidade de "itens" a se descobrir, conhecer, manipular... e quanto mais se penetra nesse labirinto, quanto mais se mergulha nesse caos, mais próximo está o *principiante* de transcender ao corpo, de perceber-se imaterial, de perceber-se essência.

Certamente que umas poucas olhadelas num espelho qualquer não seriam o bastante para se expandir nossa consciência do corpo. Tal consciência é o resultado de um longo percurso e não de uma constatação acidental. A consciência do corpo é um processo que se inicia com uma espécie de descontaminação vivencial. Ou seja, abrir mão do já vivido e de tudo aquilo que se sabia a respeito do antigo corpo e começar do zero. Não é uma tarefa impossível, já que as pessoas geralmente conhecem muito pouco sobre seus próprios corpos. Assim, o tudo vivido e sabido é sempre muito pouco se comparado ao que está por sob a pele querendo se revelar.

Os primeiros contatos com esse novo corpo são marcados muito mais pela dor do que pelo prazer. Hoje percebo que o corpo em si mesmo não é necessariamente dor nem prazer; as dores naquele momento inicial eram em função da minha total inabilidade em conviver com aquela situação nova e em lidar com um novo corpo. Assim, o caos parece ser a mais pura desordem. O labirinto parece conter simplesmente caminhos para o nada. E o corpo sofre. E o corpo sangra. E o corpo se extenua. Este convívio é sempre desafiador, como se cada nova descoberta, por mais simples que fosse, apontasse sempre para novas etapas e novos desafios, num processo interminável de apropriação do novo corpo.

Muitos detalhes aparentemente sem qualquer importância passam a ser elementos preciosos nesse processo. Assim aprendemos que certas regiões, como cotovelos e calcanhares, precisam ser protegidas para evitar o aparecimento de escaras. Assim reconhecemos que beber bastante líquido é muito importante para a saúde do sistema urinário. Assim descobrimos que o bom funcionamento dos intestinos é conseqüência direta de uma alimentação balanceada. Assim observamos que uma postura inadequada para a coluna afeta todo o corpo... Tudo, tudo muito novo. Tudo muito útil. E tudo muito doloroso também, pois constatamos a distância gritante entre o pouco (ou nada) que sabemos e o quanto precisamos aprender sobre detalhes tão importantes, mas que pareciam banais e sem qualquer função prática. É doloroso também quando constatamos a necessidade e urgência desse conhecimento, e o quanto ele é lento para se consolidar.

Nos primeiros passos dessa extensa *caminhada,* quem pensaria no corpo como gerador de prazer? E quem pensaria de imediato que da difícil relação com este novo corpo resultaria um aprendizado tão valioso, um crescimento tão gratificante? Algumas vezes eu visualizava num futuro distante um resultado existencial muito positivo, mas nunca pude delimitar isso com clareza ou precisão. E a sensação presente após anos de *caminhada* é que este percurso é mesmo contínuo e o aprendizado inesgotável.

Quando descobrimos que há um corpo em nossa vida reproduzimos, sem perceber, aquela relação que a criança estabelece com o seu corpinho. Essa exploração na criança é motivada exclusivamente pelo prazer que ela desfruta em cada uma de suas descobertas. A mesma exploração perde a espontaneidade quando é feita por um adulto com metas a serem alcançadas no decorrer do processo exploratório. A criança não persegue metas quando descobre o seu corpo, daí a sua espontaneidade. Já o adulto aceita ter de prestar contas aos profissionais, à sociedade, aos amigos e a si próprio. Essa cobrança intensa e insana acaba por adiar uma descoberta muito bonita! Se nos primeiros momentos descobrimos que há um corpo em nossa vida, o convívio vai revelando aos poucos que há vida nesse corpo, vida intensa e exuberante! Sou eu que estou ali naquele movimento! Sou eu que estou ali a pulsar! A transpiração também é minha! E quando tudo emperra, também sou eu que estou emperrado...

A autoconsciência vai ganhando forma e a relação com o corpo vai ficando mais e mais harmônica, como se assim o corpo passasse a incorporar o seu possuidor – Eu mesmo! Ou melhor, como se eu me desse ao meu corpo. Essa harmonia é simplesmente fundamental para que o cuidado com o corpo deixe de ser apenas o cumprimento da ordem expressa de um profissional, para se tornar um ato de prazer. E tudo começou com um *olhar-se* no espelho... Aquele tímido olhar buscava uma imagem refletida, mas acabou por apreender toda uma existência que se revelava além daquela moldura. Pouco a pouco o tímido olhar converteu-se em olhar firme, seguro, chegando a ser mais que um olhar... um verdadeiro flerte com o próprio corpo.

O trabalho com o corpo era muito produtivo. É evidente que nem todos os espectadores entendiam dessa forma. Confesso que até mesmo para mim muitas vezes não parecia produtivo, mas eu insistia. E confesso ainda que muitas vezes eu não queria insistir.

Capítulo 3 – Do outro lado da moldura

Mas eu nunca desisti. Enquanto um ou outro me perguntava *se o dedão do meu pé já mexia,* eu queria mesmo era viver. Claro que o dedão do meu pé tinha e tem a sua importância, mas além daquele dedão havia um mundo, um universo inteiro que não parou por causa do meu dedão! Nem eu próprio parei! A resposta àquela pergunta só seria afirmativa se houvesse uma contração muscular no dedo... mas, se eu me prendesse a uma única contração muscular talvez perdesse a cadência do movimento da vida! Um dedão simboliza algo pequeno demais diante do todo e da vida! Se alguém se importa com respostas musculares, que pelo menos se preocupe com a resposta de um grande grupo muscular, um grupo expressivo que movimente uma perna, um braço, a cabeça. Sim, a cabeça!... Assim o olhar não ficaria preso ao chão!

Com tanta vida transpirando no corpo, por que não dar asas a ele? Asas para a vida! Quatro asas... Quatro rodas! E o corpo, agora alado, desliza. Flutua. Baila... Corpo e cadeira de rodas tornaram-se íntimos... Eu tinha acabado de escolher, isso mesmo, escolher uma cadeira de rodas numa loja especializada. Os olhos ainda brilhavam com a novidade e alguém comentou que eu não precisava ter ido escolher, outra pessoa poderia ter escolhido por mim, já que elas eram todas iguais – iguais no sentido de horríveis mesmo. E não eram! Eu tinha poucos meses de acidente, o suficiente para saber que umas eram feias, outras bonitas, umas eram mais confortáveis, outras nada confortáveis. Escolher a cadeira é como escolher a roupa, o acessório. Tem de se sentir bem ali. Confortável. Bonito. E por que não?

E com a cadeira de rodas estabeleceu-se um vínculo muito estreito. Uma espécie de cumplicidade. Ela é como que uma extensão do meu corpo, ou, pelo menos, um acessório indispensável para ele. Entendo que para alguns usuários de cadeira de rodas essa relação não seja tão estreita. Isto é absolutamente pessoal. E também não significa que a qualidade desse vínculo determine uma melhor ou pior elaboração da deficiência. Seria impossível para mim refletir acerca do meu corpo sob qualquer aspecto sem mencionar a relação entre ele e a cadeira de rodas. Nada nem ninguém poderia ser tão presente em minha vida quanto a cadeira de rodas; e dessa forma ela testemunhou cada etapa desta *caminhada*.

Antes mesmo daquela cadeira de rodas ser adquirida minha família e muitos amigos já sabiam que eu passaria a me locomover por meio dela e que o quadro seria irreversível. Eu fui um dos últimos a saber. Posteriormente tomei conhecimento do choque que essa nova realidade provocou nas pessoas. E não poderia ser diferente. O imaginário social ainda é muito injusto com as cadeiras de rodas, as bengalas, as muletas ou qualquer outro tipo de prótese, como se esses equipamentos reforçassem as limitações do corpo, ou como se fossem um estigma à parte... Contrariando o imaginário social, ironicamente tais acessórios existem exatamente para minimizar ao máximo nossas limitações, favorecendo imprescindivelmente nossa independência física.

Desde o meu acidente tenho lido e ouvido coisas muito pouco interessantes sobre as cadeiras de rodas. Não é que se fale ou se escreva tanto sobre elas. O que importa aqui não é o volume, mas a qualidade do que se fala ou escreve. Podemos ser técnicos e ressaltar as dimensões, o peso, a praticidade, o *design* avançado – que aliás é belíssimo nas cadeiras de última geração, ou podemos ser indiferentes a tudo isso e acreditar que tais detalhes são irrelevantes. E essa lista de opções nem precisaria passar apenas pelo aspecto técnico e pela indiferença, já que certamente há muito mais o que se dizer a respeito de uma cadeira de rodas. A lista poderia ser bastante extensa... mas, fatalmente incompleta se não houvesse nela algum item que traduzisse a alquimia destas rodas, que percorrendo conosco o caminho fazem a transmutação de obstáculos e ressaltos em malabarismos lindos! A lista de opções se dissolve com um simples toque de sensibilidade... e a cadeira deixa de ser uma cadeira! E as rodas deixam de ser rodas!... Mas o toque de sensibilidade passa pela escolha que fazemos. Podemos escolher ser barrados por um obstáculo e até chorar diante dele, da mesma forma que podemos aproveitar o ensejo para uma ginga atrevida ou um malabarismo ainda mais ousado nas barbas daquele obstáculo. E o mais fascinante é que eu não nasci gingando. Simplesmente um dia eu escolhi aprender.

Capítulo 3 – Do outro lado da moldura

Aprender a *olhar-se* por dentro foi um grande salto. Quanto mais eu penetrava no corpo e na carne, mais eu transcendia na experiência. Minha relação com a cadeira de rodas, com o espaço físico e com o próprio corpo tornou-se mais agradável, mais produtiva e prazerosa à medida que eu deixava fluir a vida que habitava e habita esse corpo.

Descobrir-se portador de deficiência, com todas as implicações sociais, físicas e psicológicas que esta realidade envolve, seria um ótimo pretexto para uma fuga estratégica do mundo ou da vida. O enfoque paternalista das famílias, das autoridades, das instituições e da sociedade acabam favorecendo essa fuga. Entendo o quanto pode ser difícil lidar com a deficiência, mas pode ser ainda mais difícil enfrentar ou conviver com a dura realidade que se constrói em torno dela... E, infelizmente, tanto a deficiência quanto a realidade em torno dela podem ser usadas como justificativa para uma fuga do mundo ou da vida. Cômodo mesmo é perverter a vida, sufocando lentamente os sonhos, os ideais e o próprio corpo. Mesmo que tudo à nossa volta favoreça ou justifique qualquer fuga ou a própria morte, a escolha final é sempre de cada um, pois a Vida que pulsa em nós pode até ser influenciada pelo contexto que nos cerca, mas só será determinada por ele se nós permitirmos. Isto é Vida!

A paraplegia me ensinou que meu corpo não é apenas um gerador de movimentos. Descobri muito cedo que havia vida nesse corpo... vida mais exuberante do que eu havia percebido anteriormente. E a descoberta nasceu em meio a dores, escaras, infecções, cirurgias, desconfortos os mais variados, sem falar nas inverdades, desrespeito e discriminação... Essas circunstâncias, muito presentes especialmente no início, favoreceram minhas descobertas. Mas, o aprendizado e o amadurecimento foram muito significativos exatamente porque eu não me prendi às circunstâncias. Escolhi não parar minha vida só porque alguns músculos do meu corpo pararam ou mudaram sua rotina. Aquelas circunstâncias do passado foram deixadas no passado e as poucas que ainda existem são meramente circunstanciais. Isso também é escolha minha. Da mesma forma que é escolha minha *curtir* esse corpo que vive, que ama e que é tão intenso.

Capítulo 4

Florescências subversivas

Corpo pulsante, transpirando desejo. Sintonia fina permeando corpos. Entrega. Gozo. Poderia resumir todo esse clima dizendo que sexualidade é prazer. Mas esta definição, na prática cotidiana, é limitada, como limitado é o prazer. Sexualidade e prazer são, de fato, da ordem da intensidade, da profundidade e, principalmente, da liberdade. Esse é o plano mais natural e primário, a faceta mais pura e bela da nossa sexualidade. Por outro lado, uma outra face se revela, transformando beleza e pureza em elementos quase teóricos, desde que a sexualidade passou a ser reivindicada pela moral e pelos *bons costumes*. Nesse ponto ela deixou de ser prazer para ser imoralidade.

Podemos falar em sexualidade como um verdadeiro patrimônio emocional e sensorial da espécie humana. Apesar dessa importância, ou, talvez seja mesmo por conta dessa importância que em torno dela foram construídos uma infinidade de mitos, tabus, preconceitos e interdições. Desde que a moral se apropriou do corpo confiscando suas sensações eróticas, todas as manifestações de desejo e prazer passaram a ser policiadas e reprimidas como se fossem sujas e impróprias. Em seu estado mais original nossa sexualidade caminha de mãos dadas com o prazer. Prazer sem culpa, prazer sem regras. Culpa e regras representam a falência da espontaneidade, mas foi exatamente isso que a moral introduziu no universo do prazer sexual.

Nunca se falou tanto e tão explicitamente em sexualidade e mesmo com toda a aparente abertura que temos para falar no assunto, ainda são notáveis as implicações e os efeitos de tanta censura e repressão. Homens e mulheres são igualmente atingidos e o afeto e a ternura de ambos acabam por adoecer. No lugar do prazer, entra em cena a culpa; no lugar da espontaneidade, assume a ansiedade. E o resultado disso é uma vida sexual pouco ou nada satisfatória, limitada e vazia. O quadro é subjetivo, mas as conseqüências dele são visivelmente sentidas e palpáveis quando os corpos *falham*. Se a *falha* é na mecânica do ato, a ajuda de médicos e psicólogos entra em cena para *reparar* funções, contornar distúrbios, equilibrar taxas hormonais, bem como elaborar as causas e os efeitos psicológicos de conteúdos que podem nem ser nossos... estão lá porque invadiram nossa mentalidade e nossos corpos numa espécie de lavagem cerebral e corpórea que não deixa muito espaço para a gratificação sexual.

Aprendemos desde muito cedo que sexo é sujo, é feio, é pecado. E por mais que o corpo em sua espontaneidade revele adjetivos diferentes, por mais que proporcione algum prazer, tudo precisa ser muito velado e comedido a fim de evitar ou administrar os conflitos. Dessa forma, corpo e prazer vão sendo domados, adoecem as emoções e os sentimentos vão, aos poucos, se esvaziando de sentido... em virtude disso, um amplo distanciamento separa homens e mulheres, como se a proximidade entre eles colocasse em risco a *ordem* estabelecida. Distanciados entre si, homens e mulheres acabam incorporando e reproduzindo as diferenças verticais e horizontais que hierarquizam o poder, o espaço, a liberdade, a afetividade e o próprio prazer.

De fato, somos todos, homens e mulheres, muito semelhantes e temos, ambos, as mesmas necessidades de afeto, carinho, amor. A sexualidade aflora com a mesma intensidade tanto na pele do homem quanto na da mulher, por mais que a pele dela ainda seja mais censurada que a dele. Curiosamente, mesmo com a censura mais branda para os homens, são eles que mais contraem e escondem sua pele quando ela transpira desejo, familiarizados que estão com a expansão e exposição dela quando se trata de virilidade.

O assunto é tão fascinante quanto polêmico, onde quer que apareça. E em se tratando de nós, portadores de deficiência, não poderia ser diferente: Sexualidade é a área onde há mais interrogações, medos, ansiedade, preconceitos e tantas outras questões. E, verdade seja dita, a deficiência por si só não produziria tantas questões. Se assim fosse, pessoas consideradas "normais" não seriam tão afetadas por problemas sexuais e teriam muito mais gratificação na vida íntima. A deficiência, de fato, possui características, interrogações e elementos próprios e, como se não bastasse, ela ainda incorpora elementos derivados da cultura, como se fossem inerentes a ela.

Em algum momento a pessoa portadora de deficiência vai dar de cara com a sua sexualidade. Seja homem ou mulher, seja a deficiência congênita ou adquirida, seja ela de que nível for, a sexualidade estará no nosso caminho. Havemos de encontrá-la em algum ponto do nosso percurso. Esse encontro é sempre marcado pelo medo e pela insegurança do momento, somados às incertezas quanto ao que estaria ainda por acontecer, mas, muito mais ainda pela herança que trazemos conosco, pelo que incorporamos ao sermos "preparados" para a vida.

É no corpo que esse encontro vai acontecer. É lá que está a sexualidade, ou, pelo menos, é por meio dele que ela se manifesta. A deficiência pode ser (e certamente é!) uma novidade naquele corpo, mas os *costumes,* certamente, não. Se a pessoa em questão é do sexo masculino, certamente já pode (e continua podendo...) fazer xixi em qualquer canto da cidade, pública e impunemente. Se é do sexo feminino, muito cedo teve de aprender a fechar as pernas e a controlar o desconforto de uma bexiga cheia até encontrar um local apropriado para uma mocinha fazer o seu xixi. Parece uma besteira, mas uma prática tão comum feito essa acaba ensinando muito sobre sexualidade, corpo, pudor e liberdade. É dessa forma que somos (de)formados para viver nossa sexualidade, reproduzindo e reforçando limites e diferenças entre homens e mulheres.

Ao contrário das suspeitas do senso comum, deficiência não é sinônimo *de problemas sexuais*. Algumas deficiências podem afetar em maior ou menor grau a sexualidade, mas o golpe mais violento é dado pela cultura. Contrair uma deficiência significa resgatar na mente idéias preconceituosas e já estabelecidas do tipo: *"deficiente não funciona"*, *"a vida sexual acabou"*, *"agora não sou mais homem"*, *"não posso mais fazer um filho"*, *"não posso mais engravidar"*, *"não posso mais ser mãe"*, *"não posso mais ser pai"*, *"desse jeito ninguém vai me querer"*... Eu me surpreendo com a quantidade de '*nãos*' preestabelecidos e de consistência tão frágil.

Muitas vezes a situação no ponto de vista orgânico é até satisfatória, reversível ou temporária, mas a (falsa) idéia de que *"deficiente é assexuado"* acaba interferindo no processo, prejudicando a recuperação ou mesmo agravando o quadro original. Já há vários anos, mesmo aquelas situações mais autênticas de dificuldades em ter ou em se manter uma ereção podem ser facilmente contornadas com tratamento adequado. No entanto, o golpe da cultura é tão incisivo que o indivíduo fica psicologicamente bloqueado e o tratamento pode não funcionar, ou ainda, recupera-se a ereção, mas a auto-estima continua comprometendo o desempenho e a gratificação sexuais. Em outros casos essa disfunção nem está presente, bastando o fantasma dessa presença para que nada funcione. Nesse caso, a disfunção seria causada por uma espécie de *lesão cultural,* mais do que pela lesão medular.

Quando uma pessoa portadora de deficiência lida com sua sexualidade e seu corpo, há, nessa relação, muito mais subjetividade que pele, músculos e nervos. Resgatar a sexualidade e reconhecer o corpo dá trabalho exatamente por ser difícil recuperar algo que talvez nunca tenha existido, ou *reconhecer* algo que de fato é desconhecido. É como procurar uma agulha no palheiro sem nunca a ter visto.

Estamos inseridos numa cultura onde as pessoas sabem muito pouco sobre seus corpos e sua sexualidade. Certos níveis de carência desse conhecimento constituem uma espécie de deficiência à parte, ou, no mínimo, uma limitação muito significativa. Esta realidade silenciosa e velada acompanha o nosso desenvolvimento desde a infância, mas se manifesta com mais intensidade e nitidez quando o corpo passa a portar uma deficiência. Por isso, uma tentativa de resgate pode ser uma perda de tempo, um desperdício de energia, pois nesta empreitada estarão presentes os referenciais do passado, enquanto o momento do corpo é outro, a realidade do corpo é outra, bastante distinta daquela do passado. É como se a deficiência abrisse novos canais para o corpo se manifestar como ele é de fato, tanto com suas limitações, mas também com o seu potencial afetivo, sensorial e erótico.

Bem mais gratificante seria uma ação exploratória: Um encontro com a sexualidade e o corpo, sem os referenciais e parâmetros do passado, sem tutelas e preconceitos, mas com espontaneidade, amor próprio e dignidade. Explorando o corpo descobri que havia nele mais sensações do que o previsto, sensações novas e aparentemente estranhas... mas estavam lá. Estavam presentes e eram muito boas! E havia também algumas sensações antigas se manifestando de novas formas, como se tivessem sido reconfiguradas. Se buscasse apenas sensações conhecidas talvez me frustrasse por não encontrá-las mais da mesma forma que se manifestavam antes. Talvez a busca parasse aí e eu certamente não teria descoberto tantas sensações novas e agradáveis dispersas no meu corpo.

Aos poucos o que era estranho ia sendo desvendado. *Estranho* é a forma com que normalmente nos referimos a algo que é, de fato, apenas novo, ou diferente. O vocabulário sensorial que conhecemos é muito restrito para dar conta de um corpo tão fascinante. O que limita esse autoconhecimento é a perda gradativa da espontaneidade que começa lá na primeira infância. Se fôssemos todos mais espontâneos certamente teríamos mais saúde física e emocional e o nosso vocabulário sensorial seria mais amplo.

Temos um corpo em nossas mãos, mas nem sempre sabemos lidar com ele. E essa dificuldade não chega com a deficiência. Ela sempre esteve presente no nosso cotidiano. Quando os pais não sabem como falar sobre sexo com seus filhos, quando um casal não conversa sobre seus desejos e fantasias, ou então quando sentimos desconforto em tirar a roupa diante de alguém, mesmo que seja um médico, estamos diante da mesma dificuldade. Ou seja, todos nós conhecemos muito pouco tanto o nosso corpo quanto a nossa sexualidade. E o desconhecimento facilmente se transforma em constrangimento quando precisamos falar sobre sexo com os filhos, quando tiramos a roupa, quando amamos ou quando nos tornamos portadores de deficiência.

Estamos contaminados pelo desconforto e pela inexperiência em lidar com quase tudo que se relacione a sexo. Projetamos na deficiência (nossa ou dos outros) uma limitação e um peso que são elementos apenas nossos. Os "normais" projetam nos "anormais" os seus fantasmas e suas fantasias e nós, como portadores de deficiência, estamos sujeitos a assumir essa *anormalidade*, pois também temos os nossos próprios fantasmas, medos e inseguranças e também projetamos tudo isso na deficiência. Com tantos fantasmas rondando, o corpo parece ficar mesmo mal-assombrado, encolhido na penumbra.

"É preciso enfrentar a situação"... Frases como essa são muito comuns para nós e parecem fazer parte da deficiência. São frases ditas quando não se sabe muito bem o que dizer. Aparentemente elas pretendem motivar, mas acabam mesmo caindo no vazio, pois ninguém sabe, ou diz ao certo que situação é essa que deve ser enfrentada. Com o passar do tempo eu aprendi que não há muito a fazer pela sexualidade do portador de deficiência, pois, como diz João Carlos Pecci [1], *"a sexualidade do paraplégico não fica, continua"*... Então, há muito a fazer em favor da mentalidade dele. É preciso tratar a cabeça. Não a do pênis, pois esta, qualquer andrologista pode tratar. Então, se há uma situação a ser enfrentada, certamente não estamos diante de uma situação genital, mas, contextual. Uma situação que envolve corpo e sexualidade sim, mas, apenas como ponta de um processo que envolve toda a história de vida, antes de alcançar o corpo e a sexualidade.

Mergulhar nesse universo é sempre uma experiência muito interessante, pois a sexualidade é essencialmente bonita e rica, independente de qualquer deficiência. E, ao contrário do que se pensa, a deficiência em si mesma não enriquece nem aperfeiçoa a sexualidade de ninguém. Se assim fosse, as interrogações, o silêncio e o mistério

---

1. PECCI, João Carlos. *Minha profissão é andar*. São Paulo: Summus Editorial. 1980.

Capítulo 4 – Florescências subversivas

que rondam tantos corpos *deficientes* já teriam sido extintos. Se temos uma relação interessante com o corpo e a sexualidade isto é resultado direto da exploração, do investimento, das descobertas e das escolhas que fazemos. Não é preciso ficar paraplégico para conhecer o corpo e ter com ele uma relação intensa e gratificante. Qualquer pessoa pode vivenciar isso! A deficiência só abre esse novo horizonte para quem se nega a morrer em vida. Também não é preciso ficar paraplégico para morrer em vida. Se um de nós, portadores de deficiência, escolhe morrer em vida, essa morte só é mais notada, aceita e justificada.

É na sexualidade que o portador de deficiência é mais subversivo. Um indivíduo subversivo perturba, confunde, perverte... E é exatamente assim que o nosso corpo e a nossa sexualidade se revelam: Intrigamos as pessoas quando vamos para a cama, quando proporcionamos e sentimos prazer. Nosso bem-estar sexual intriga, nosso prazer confunde e o nosso desempenho sexual perverte a prática corriqueira e convencional. De fato, nada disso é esperado para nós, como se a tristeza e a solidão fossem mais compatíveis com a nossa condição física.

Quando uma pessoa "normal" se envolve com alguém que porta uma deficiência, ela também passa a chamar a atenção... inclusive como sendo uma pessoa especial, de alma nobre e resignada. Certos olhares descrentes costumam insistir em enxergar nela uma pessoa que está abrindo mão dos prazeres da vida para viver uma relação "pura". Na verdade não precisamos de pessoas resignadas, mas subversivas. Ou, pelo menos, dispostas a ir um pouco além do lugar comum em busca de experiência próprias.

E uma pergunta muito comum vem à tona: Por que tantas pessoas portadoras de deficiência se isolam, não se permitindo vivenciar qualquer envolvimento amoroso ou sexual? E mais uma vez o foco não deveria ser colocado sobre a deficiência, afinal há uma infinidade de pessoas que não portam nenhuma deficiência e, no entanto, também vivem enclausuradas em si mesmas. A deficiência pode até desencadear um processo de isolamento, da mesma forma que pode representar um ato de libertação. Isolamento ou libertação passam pelas escolhas de cada indivíduo.

Relacionar-se com alguém é algo que começa sempre em nós mesmos. Assim, um envolvimento amoroso ou sexual só será estabelecido se a pessoa estiver bem consigo mesma, pois a auto-aceitação é um sentimento que precede a qualquer relacionamento interpessoal, inclusive (ou especialmente) as relações mais íntimas! Seduzir, amar, envolver-se com alguém, dar e receber carinho e prazer são situações em que é imprescindível que se tenha um mínimo de autoconfiança e auto-aceitação. Se eu não me aceito, como posso acreditar que uma outra pessoa vá me aceitar? Se eu não gosto do meu corpo, se tenho dificuldades em me olhar no espelho, como posso esperar ou acreditar que uma outra pessoa goste do meu corpo, me olhe e sinta desejo por mim?

Sexualidade não seria um assunto tão polêmico se não houvesse tantos fatores externos exercendo influência sobre ela. Isolando-se os fatores externos o que resta é exuberante, é bonito, é saudável. Para o senso comum, a deficiência aparentemente é uma condição vazia de sexualidade. Mas, contrariando o mesmo senso comum, a deficiência pode revelar a exuberância da sexualidade quando emprestamos nossos corpos para uma aventura sem rumo a fim de que novas sensações sejam experimentadas. Ou talvez não sejam tão novas, mas apenas diferentes, desconhecidas. Existiam antes mesmo de nos apercebermos delas e independem de qualquer condição física para se manifestar, florescer e encantar.

Capítulo 5

UMA PERSPECTIVA DO SOFRIMENTO

Uma sensação desagradável, de intensidade e duração variáveis... Começaria mais ou menos assim uma definição para dor. A literatura que trata do tema é vastíssima mas, por mais que se saiba sobre o assunto, não há resposta que possa dar conta das indagações e da angústia daquele que sente a dor. E todos nós já estivemos nesse lugar. Conhecemos por vivência própria a aflição de uma dor física. Aquelas poucas pessoas que desconhecem a sensação de uma dor podem parecer agraciadas, mas, longe de ser um privilégio, tal situação trata-se, isto sim, de uma rara anomalia. Nenhuma dor física é sentida, mas a angústia do sofrimento está presente.

Por ser inerente à condição humana, o sofrimento é algo que atrai os interesses mais diversos, como a religião, a ciência, a literatura, os políticos, a mídia... E atrai também a curiosidade e a solidariedade das pessoas. A aglomeração em torno de um portador de epilepsia em crise convulsiva na rua, o carro batido e a curiosidade dos motoristas que deixam o trânsito lento porque querem ver a cena com os próprios olhos, a aglomeração em torno do pedestre atropelado na calçada e tantas outras cenas que envolvem alguma dor ou sofrimento são situações que mobilizam o interesse das pessoas. Há pessoas que assistem a cenas desse tipo motivadas somente pela curiosidade, enquanto outras são invadidas por um sentimento angustiante de total impotência diante do sofrimento. Apenas um ou outro se envolve na situação tomando alguma atitude, mesmo que seja apenas a de afastar os curiosos ou dar um telefonema em busca de alguma ajuda.

Cenas de dor e sofrimento podem ser indiferentes para alguns, mas, de um modo geral elas mobilizam as pessoas, quer pela simples curiosidade, quer por algum interesse ou comoção. Nós, portadores de deficiência, também atraímos a atenção das pessoas. E atraímos mais ainda se usamos uma cadeira de rodas. Algumas pessoas mais mobilizadas chegam a se aproximar para fazer algum comentário sobre o nosso "sofrimento". Para os olhares *piedosos* o pano-de-fundo de uma deficiência é sempre o sofrimento. Se a alegria está estampada no rosto, se os olhos brilham, se há um sorriso nos lábios do *sofredor,* não se surpreenda se o comentário à volta for algo do tipo*: "ele é tão alegrinho!"*. Pode ser que o sorriso passe despercebido e a cadeira de rodas chame mais a atenção... então o olhar *piedoso* observa a cadeira de rodas e uma frase já bastante gasta explode em nossos ouvidos: *"Deus dá jeito pra tudo"*.

Deficiência e sofrimento parecem compor uma relação inquebrável de causa e efeito. Qualquer atitude ou situação que tente ameaçar a relação de causa e efeito acaba sendo vista com um certo ar de surpresa, admiração e até espanto, como, por exemplo, o desempenho dos portadores de deficiência no esporte, na carreira profissional ou acadêmica, a desenvoltura nas atividades mais corriqueiras da vida diária ou até mesmo com o simples fato de estar feliz ou *de bem com a vida*! Estar cabisbaixo, olhando para as próprias rodas, é uma cena que também mobiliza de alguma forma os expectadores, mas não surpreende tanto... como se o sofrimento fosse mesmo a condição de vida mais compatível com uma deficiência.

Acho muito pouco provável que haja algum portador de deficiência em cuja história de vida não encontremos alguns capítulos de sofrimento. A dor e o sofrimento fazem parte da vida de qualquer pessoa e, por mais que minha condição física diferenciada tenha me proporcionado dores e sofrimentos ao longo de todos esses anos, eu não diria que já tenha sofrido ou que sofro mais que qualquer outra pessoa. Sofri um sofrimento que era meu, mas todos nós, sem exceção alguma, sofremos de um jeito ou de outro o nosso próprio sofrimento. Tentar medir, dimensionar ou comparar nossas dores e sofrimentos, acaba sendo um sofrimento a mais, dada a impossibilidade de se concretizar tal tentativa.

Dor e sofrimento se confundem em nosso corpo. A dor física está sempre acompanhada de algum sofrimento, essa sensação abstrata que abate tanto quanto uma dor física, ou até mais que ela. O sofrimento é a *dor da alma* e pode existir inclusive na ausência de uma dor física. Esta, por sua vez, vem sempre acompanhada dele, pois o corpo não sabe sofrer sozinho nem calado por muito tempo. No momento em que a dor se anuncia, com ela está o sofrimento. Na dimensão do corpo, uma dor, por pior que seja, encontra sempre algum limite, como se o sofrimento, no seu aspecto físico, pudesse ser tolerado até esse limite ou combatido a partir dele. Assim, cada pessoa lida com suas dores ao seu próprio modo, seja por meio de um analgésico, seja pela abstração ou por qualquer outra maneira, o que faz o sofrimento ter sempre uma intensidade particular.

Quando alguém se machuca ou adoece, quando uma *visita* ao hospital torna-se inevitável, além daquela dor do momento outros sofrimentos são logo associados a ela. De certa forma já registramos na memória o que significa ir ferido ou doente para o hospital, mesmo não tendo vivenciado pessoalmente uma experiência assim. A partir desse registro temos consciência do que pode acontecer e mesmo que tudo não passe de uma assombrosa fantasia, o sofrimento está ali, presente tanto na dor física como na consciência ou fantasia acerca do sofrimento. Algumas vezes a expectativa do sofrimento produzida a partir de uma certa dor, dói muito mais que ela mesma.

No auge do sofrimento alguém pensaria em sua própria agonia como sendo algo positivo ou proveitoso? Esta pergunta não pede uma resposta, mas uma reflexão. Quem sofre quer alívio, apenas alívio. Quem sofre, dá a vida – ou entrega-se à morte – para obter algum alívio. Pensar em belas frases de consolo, em conceitos teológicos ou lições de vida pode trazer algum alívio quando a agonia é intensa, quando temos consciência de que a nossa própria vida está indo embora. Para quem sofre, somente o alívio imediato interessa. Venha de onde vier, mas que venha e chegue a tempo! É nesse ponto que sofrimento e esperança começam a caminhar de mãos dadas, intensificando o desejo de alívio.

Sofrimento e esperança juntos produzem coragem, força, determinação, transformando o desejo de alívio em vontade de viver. A esperança pode criar um novo horizonte até mesmo do nada, realçando a plausibilidade dos nossos desejos. Em momentos tão cruciais a esperança é o único sentido da vida. E o ditado popular traduz bem essa idéia: *Enquanto há vida, há esperança.*

Quando se perde completamente a esperança, a morte e até o suicídio aparecem como última possibilidade, como um último salto fatal no escuro. Relatos de pessoas que sobreviveram a uma tentativa de suicídio costumam traduzir claramente um desejo efetivo e intenso de parar de sofrer. Em certas tentativas de suicídio a morte parece ser desejada não para dar um fim à vida, mas para eliminar definitivamente o sofrimento. Sem esperança tudo vai perdendo o sentido, até a mesmo a vida... Quando nada mais faz sentido resta a desesperança desse último salto no escuro.

A proximidade entre sofrimento e morte pode ser bastante estreita. Não é difícil aceitar tal proximidade. Todavia, minha história de vida e minha atuação profissional me deram uma outra visão dessa relação de proximidade. Ela existe sim, mas é apenas uma possibilidade, havendo sempre espaço para outras mais. Aprendi a deixar a morte em segundo plano e assim ela perdeu seu *status* de conseqüência direta e única do sofrimento. Assim, o sofrimento deixa de ser um preâmbulo da morte, passando a ser um significativo processo de transformação, uma espécie de metamorfose existencial...

Quem já vivenciou uma situação de dor ou sofrimento pode entender melhor esse processo de transformação. A dimensão da transformação pode ir muito além de uma simples mudança compulsória de hábitos alimentares, ou mesmo uma mudança adotada voluntariamente para se preservar a saúde; um diagnóstico médico

Capítulo 5 – Uma perpesctiva do sofrimento

pode ser suficiente para motivar tais mudanças de comportamento. Entretanto, a transformação gerada pelo sofrimento é ainda mais poderosa que a caneta ou o discurso do médico. Numa metamorfose existencial as transformações brotam de dentro para fora de forma surpreendente. Mudanças profundas no estilo de vida, na visão de mundo, nas crenças, na maneira de se relacionar com as pessoas à nossa volta... é difícil dimensionar a abrangência dessa transformação, uma vez que ela é orientada pelo desejo e escolhas de cada um.

Já li e ouvi muitas histórias de dores e sofrimento. Já acompanhei bem de perto situações traumáticas, tanto como profissional quanto pessoalmente. Além disso minhas próprias vivências também me ensinaram muito. E à luz de tudo isso não tenho a menor dúvida de que o sofrimento transforma as pessoas. Não se trata de uma transformação *romântica* ou de caráter apenas positivo. Há casos em que a transformação gera sentimentos negativos, revolta, mágoa, infelicidade... E, nesse aspecto, os sentimentos negativos acabam produzindo mais sofrimento, adoecendo-nos por inteiro, muitas vezes de forma irremediável.

Entendo que qualquer sentimento humano é legítimo, mesmo aqueles negativos. Revolta, mágoas, raiva e outros sentimentos dessa natureza acabam surgindo a partir de *incidentes* inesperados e indesejáveis. Os sentimentos aparentemente são dirigidos para a "fonte" do sofrimento, mas de fato eles não podem alcançá-la e muito menos reescrever a história, apagando um capítulo ou substituindo-o por outro mais bonito – ou menos feio. O sentimento é legítimo, é humano, mas nem por isso precisa ficar arquivado ou contaminando nossa vida diária.

Em função dessa transformação, a proximidade entre sofrimento e Vida torna-se bastante estreita. Quando mudamos nosso estilo de vida ou a qualidade dos nossos relacionamentos após um período de dor ou sofrimento, após uma perda, ou após a recuperação de uma doença, independente da natureza do sofrimento a mudança que ele produz é sempre em relação à vida, ou em benefício dela. A proximidade é estreita mesmo quando da transformação resultam sentimentos negativos, pois é na vida diária, tanto física quanto emocionalmente, que os sentimentos negativos fazem estragos consideráveis.

Creio que deficiência e sofrimento vão continuar compondo a tal relação inquebrável de causa e efeito para muitas pessoas. Embora não concorde, sinto que preciso respeitar essa visão... apesar dela. Felizmente, para mim e para muitos outros essa relação não é inquebrável. Aliás, eu diria que essa relação é muito frágil e que sua força é apenas imaginária se conseguimos ver uma e outra coisa apenas como situações distintas e independentes entre si, apesar de estarem lado a lado em algumas circunstâncias da vida.

Em certos momentos deficiência e sofrimento estiveram juntos em minha história. Não importa aqui dimensionar esse sofrimento e eu nem conseguiria fazê-lo... Mas, importa ressaltar a metamorfose, a bela transformação que colocou lado a lado não deficiência e sofrimento, mas, deficiência e desafios.

Dentro desses desafios cabem outras dores, sofrimentos, problemas... e cabem ainda alegrias, prazeres, sorrisos e muita vida. Esta metamorfose existencial não é algo mágico ou romântico que converte dissabores em alegria. O sofrimento e as dores certamente continuarão existindo, não por causa da deficiência, mas porque fazem mesmo parte da vida de qualquer pessoa.

Capítulo 6

Rompimentos e recomeços

Sexo e relações amorosas são assuntos polêmicos onde quer que apareçam. Em se tratando de nós, portadores de deficiência, não poderia ser diferente. Vivemos envoltos numa atmosfera de muita desinformação e interrogações que acaba se incorporando ao caráter polêmico do assunto. Nossa intimidade atrai a atenção e a preocupação das pessoas cujo olhar também se acha contaminado pela desinformação e por pré/conceitos desenvolvidos a partir da maneira como as próprias pessoas concebem e lidam com a sexualidade e as relações amorosas. As dúvidas mais comuns giram em torno do desempenho sexual de ambos os gêneros, com maior ênfase na qualidade (ou ocorrência!) da ereção no homem. Dúvidas e curiosidades são atitudes alimentadas pela falta de informação, mas, especialmente pela forma com que a sexualidade é encarada pelos diversos segmentos sociais, especialmente a família e os grupos religiosos.

Quando duas pessoas não-*deficientes* decidem estabelecer uma relação amorosa espera-se que haja algum sentimento motivando e estruturando tal relação. As famílias envolvidas, com raras exceções, não demonstram qualquer preocupação se a relação que acaba de nascer será gratificante no ponto de vista sexual, mas costumam dar alguma importância ao sentimento que une seus filhos, transformando-os num casal. Aparentemente há uma despreocupação, um certo silêncio quanto às questões da sexualidade, como se o *ajuste* sexual fosse sempre *automático* entre duas pessoas "normais".

Se no exemplo acima um dos "normais" for substituído por uma pessoa que porta uma deficiência certamente a dinâmica da relação mudaria, como mudaria também o foco das atenções externas, produzindo preocupações e "cuidados" pouco comuns a uma relação entre parceiros "normais". Neste caso, a preocupação quanto ao desempenho sexual da pessoa *deficiente* e, conseqüentemente, com a satisfação sexual da outra pessoa viria à tona. O *ajuste automático* do casal descrito anteriormente parece não existir aqui... Que bom! Assim, este segundo casal terá de investir nesse ajuste que é fundamental para que a relação aconteça e seja gratificante.

Talvez fosse adequado identificar as preocupações como sendo simples distorções derivadas da falta de informação. Nunca tomei conhecimento de qualquer caso em que houvesse alguma preocupação externa quanto ao desempenho sexual da pessoa "normal" e se ela seria capaz de dar prazer à pessoa "deficiente"... O mais comum é exatamente o contrário: se a qualidade da vida sexual desse casal "misto" é insatisfatória, a responsabilidade é sumariamente atribuída ao "deficiente". Da mesma forma, também nunca soube de uma relação "mista" que acabasse e a responsabilidade pelo término ser atribuída à pessoa "normal", ou mesmo ao casal. É sabido que numa relação amorosa tudo acontece em comum, inclusive o sucesso ou fracasso. Mas, essa dinâmica costuma mudar em relação à deficiência.

Você já era casado quando ficou paraplégico? Esta pergunta já foi feita a muitos de nós. Ela faz parte de uma extensa lista de perguntas que tenta dar conta da curiosidade das pessoas sobre nossas relações amorosas. E é interessante observar que algumas vezes as pessoas se surpreendem quando descobrem que a deficiência chegou antes de uma determinada relação amorosa. Se as relações amorosas estabelecidas após o acidente surpreendem, aquelas que existiam antes dele já não surpreendem tanto. São duas situações distintas como resposta para uma mesma dúvida ou curiosidade:

— Você já era casado quando ficou paraplégico?
— Não. Eu só me casei alguns anos depois.

CAPÍTULO 6 – ROMPIMENTOS E RECOMEÇOS

— É mesmo???

A outra situação:

— Você já era casado quando ficou paraplégico?
— Sim, eu já era casado.
— Ah, bem!...

Em ambos os casos percebemos a deficiência ocupando o centro da dúvida ou curiosidade. Nem sempre a abordagem é assim tão direta, sendo que algumas vezes tal curiosidade é explicitada apenas no olhar ou num gesto, discretos ou não. Nas duas situações acima temos exemplos que traduzem a idéia – talvez, falsa idéia – de que é muito difícil para um portador de deficiência iniciar ou manter um relacionamento amoroso.

De fato, mudanças acontecem. E acontecem com tal intensidade e freqüência que é quase um consenso a idéia de que a chegada da deficiência interfere na relação amorosa em curso, provocando o seu término. Há inúmeros relatos nesse sentido mostrando o quanto é difícil enfrentar tal situação. De um lado, a pessoa que acaba de passar por uma inesperada transformação física, bombardeada por interrogações e mais interrogações, envolvida por uma realidade física e emocional diferente, estranha... Do outro lado, a outra pessoa, igualmente cercada de interrogações e incertezas... Duas pessoas envolvidas afetivamente, compartilhando sonhos e desejos, diferenças e problemas, podendo inclusive estar casadas e com filhos. E por mais amplo e bem estruturado que possa parecer esse contexto, com a chegada da deficiência toda essa estrutura certamente vai sofrer algum impacto.

O rompimento da relação amorosa que existia à época da chegada da deficiência costuma ser entendido como sendo uma conseqüência direta da deficiência. Essa conclusão é bastante tentadora quando estamos buscando desesperadamente por respostas. E o desespero pode promover a primeira resposta à condição de resposta única, certa e inquestionável.

Hoje vejo tal situação com mais naturalidade. Rompimentos e recomeços não acontecem desvinculados de um processo muito abrangente, um processo que envolve a deficiência, é claro, mas que vai muito além dela. Nesse ponto é preciso considerar sentimentos, escolhas e a questão da própria deficiência com todas as mudanças que ela desencadeia. Depois de todos estes anos, vivenciando minha própria história e conhecendo de perto tantas outras, aprendi a respeitar a iniciativa de alguém que decide sair de uma determinada relação por não ter escolhido para si a situação de ter ao seu lado um parceiro ou parceira portando uma deficiência. Pode parecer doloroso, pode parecer cruel, mas, acima de tudo, é honesto.

Já ouvi várias críticas em relação à pessoa que vai embora. A pessoa que deixa a relação costuma ser considerada fraca, covarde, insensível, desumana e tantos outros rótulos. Por outro lado, não se questiona a escolha oposta. De imediato, permanecer na relação é considerado um ato de resignação, de grandeza e de força interior. Mas, na verdade, o ficar pode ser um ato de fraqueza, covardia ou desrespeito em relação ao real desejo de ir embora. Romper ou recomeçar são situações distintas, mas, qualquer que seja a nova escolha, em sendo uma decisão bem amadurecida e consciente, certamente, a longo prazo, será melhor para os dois.

Mesmo uma relação bem estruturada e madura corre o risco de desmoronar após a chegada de uma deficiência. O que parece difícil num primeiro momento pode se tornar ainda mais doloroso posteriormente se a relação for se arrastando por pena ou para poupar a pessoa em questão, acreditando que o fim do relacionamento vai ser uma dor ou um problema a mais num momento que já é difícil por si só. É falsa a idéia de que uma relação estruturada não acabe com a chegada de uma deficiência. Pode até acontecer de não acabar, mas não entendamos tal desdobramento como uma regra. Uma relação bem estruturada e madura tem sempre melhores chances de sobreviver às mudanças, porém, em não sobrevivendo, ela pode, isto sim, terminar de forma bem menos traumática para ambos.

CAPÍTULO 6 – ROMPIMENTOS E RECOMEÇOS

Uma outra possibilidade é a deficiência servir de pretexto para o rompimento de uma relação que esperava apenas por um tiro de misericórdia para acabar. A relação já não estava bem e vinha se arrastando à espera de um pretexto qualquer. Em casos semelhantes a deficiência é muito bem-vinda, ocupando perfeitamente a função de "bode expiatório". Provavelmente, se a deficiência não acontecesse, ou se demorasse algum tempo para chegar, certamente um outro pretexto seria encontrado para justificar a efetivação do rompimento.

Conheço várias histórias de namoros e casamentos que se dissolveram após a chegada da deficiência. Sei de algumas outras histórias onde a alteração que houve foi como um recomeço, um novo momento onde as pessoas envolvidas tentaram buscar crescimento mútuo a partir da nova experiência, naquilo que fosse possível. A alternativa é saudável e muito válida, mas é apenas uma tentativa, podendo ser bem-sucedida ou não.

Apesar do rompimento ser muito freqüente, com a mesma freqüência namoros e casamentos tentam se manter. Há situações em que o casal se submete a um longo e desgastante vai-e-vem tentando se acertar. Entendo que tentar manter a relação significa submeter-se a um novo contrato. Nesse novo contrato, sinceridade e clareza são elementos importantíssimos a se somarem ao amor que fundamenta aquela relação. Se, ao contrário, o recomeço for norteado por pena ou por qualquer outro sentimento que não o amor, o fracasso da relação é uma questão de tempo e a insatisfação mútua será uma constante enquanto a relação tiver fôlego para se arrastar.

Meu acidente aconteceu quando eu era bem jovem e, dessa forma, pude vivenciar experiências amorosas antes e depois dele. Esta vivência do *antes* e do *depois* é um parâmetro que desperta a curiosidade das pessoas e por várias vezes já me perguntaram se a deficiência interfere nas minhas relações amorosas. Essa resposta é muito relativa se considerarmos que há inúmeros elementos exercendo influência num relacionamento amoroso. E isto se aplica a todos, sem qualquer exceção. Um portador de deficiência, como qualquer outra pessoa, está sujeito às mesmas complexidades e prazeres que envolvem uma relação amorosa. Colocar a deficiência como dificuldade central num relacionamento afetivo daria margem para uma supervalorização da pessoa que se relaciona com alguém que porta uma deficiência, reforçando a (falsa) idéia de que esse parceiro ou parceira precisa ser uma pessoa bastante madura, resignada ou que viva no limiar da beatificação. De fato, estas e tantas outras características supostamente especiais são todas dispensáveis uma vez que os elementos básicos de uma relação amorosa são o sentimento e a gratificação mútuos.

Se, por um lado, a deficiência pode afastar as pessoas, por outro, pode também atrair. Ninguém perde o charme ou a beleza, ou deixa de ser atraente e interessante quando passa a se locomover numa cadeira de rodas. Quase sempre quando a pessoa deixa de ser atraente ou perde o seu charme a questão pode ser muito mais psicológica do que física. Isso vai depender do grau de elaboração da deficiência. É preciso gostar-se para ser gostado. Amar-se para ser amado. Assim, se eu deixo de me considerar um homem interessante por ter ficado paraplégico, certamente esse meu olhar vai influenciar a percepção que tenho em relação ao olhar das outras pessoas quando dirigido a mim. Dessa forma, mesmo que uma mulher me olhasse com algum interesse, tal olhar nem chegaria a ser notado.

Não pretendo negar aquelas tantas situações onde as relações amorosas não acontecem por pura discriminação. Sei que tais situações acontecem, até porque eu mesmo já passei por isso algumas vezes. Todavia, pensar a deficiência como sendo um elemento básico presente nos desencontros amorosos pode ser uma saída simplória. Casos de discriminação à parte, há, além deles, aqueles casos em que outras características pessoais somam-se à deficiência, podendo incomodar tanto quanto ela, ou até mais do que ela.

Gosto sempre de pensar na pessoa apenas como pessoa. E na bagagem de cada um há sempre uma infinidade de qualidades, defeitos e características as mais diversas... As pessoas são assim! Pensar a deficiência como um apêndice acaba sendo um peso para a própria pessoa e para os que estão a sua volta. E quando a deficiência é um peso para o seu portador, ela certamente vai pesar muito mais ainda numa relação amorosa. As pessoas se aproximam umas das outras buscando compartilhar afeto, carinho, amor e prazer. Embora outros interesses possam estar presentes, o que sustenta uma relação amorosa são os sentimentos e a gratificação compartilhados. Dessa forma, uma mulher que veja a minha deficiência como um apêndice, dificilmente acreditaria que poderia ter uma relação gratificante comigo. E se eu mesmo convivesse com a minha deficiência como se ela fosse um desconfortável apêndice, qualquer mulher que encarasse a deficiência com naturalidade poderia se afastar de mim não pela deficiência, mas pelo apêndice que eu próprio me tornaria da minha condição física.

Em virtude de todos esses questionamentos e reflexões acho difícil dizer se a deficiência interfere e o quanto interfere nas relações amorosas. Numa discussão simplista corremos o risco de esquecer que um relacionamento entre duas pessoas por si só já é algo bastante complexo, sofrendo a influência de inúmeros fatores. Sendo assim, talvez a resposta mais adequada seja que há, sim, influência, mas sem dimensionar a abrangência ou a qualidade dela, podendo a mesma até ser positiva. Dessa forma eliminamos o julgamento precipitado, derrubando de pronto a suposta influência negativa generalizada.

Já as relações que surgem após a chegada da deficiência, de imediato elas estão livres das comparações entre o antes e o depois. Estas novas relações podem trazer mais segurança, pois a pessoa que chega já encontra uma situação estabelecida. Não quero nem vou descartar a possibilidade de haver relações remanescentes muito gratificantes e felizes, entretanto, enquanto a deficiência não for elaborada, seu portador certamente estará questionando internamente se o que mantém aquela relação é amor ou piedade. Este questionamento é motivado pela auto-rejeição do portador de deficiência. Se ele próprio não se aceita, dificilmente se achará merecedor do amor de uma outra pessoa. Esta fase da auto-rejeição é bastante comum, sendo que para alguns ela é apenas uma fase que faz parte do processo de elaboração da deficiência e, para outros, ela deixa de ser apenas uma fase para se tornar um infeliz modo de vida.

Nas novas relações amorosas a pessoa que acaba de chegar veio espontaneamente. Ela própria escolheu envolver-se e está começando um novo relacionamento simplesmente porque deseja começar. E descobrir-se desejado é muito bom, mas só podemos sentir esta atmosfera de desejo no ar quando estamos disponíveis e abertos tanto para desejar quanto para sermos desejados. Abrir-se para novos relacionamentos é uma demonstração de crescimento, é sinal de que a vida está sendo percebida, desfrutada e vivida. Se a realidade física é nova, as relações estabelecidas a partir daí também serão novas, mesmo que envolvam pessoas e amores do passado. As relações amorosas, se não são novas, certamente terão de se renovar, caso contrário ficarão para trás, como uma lembrança. E tomara que sejam boas lembranças, mas, de qualquer forma é passado. Algo que foi bom, mas que não se renovou.

A cadeira de rodas, por ser visível e palpável, realça bastante. É como se ela ocupasse sempre o primeiro plano, independente do que possa representar para aquele que se locomove nela. Isso pode fazer a deficiência realçar também nas relações amorosas: *Se a relação acaba é por causa da deficiência.* Ou então, *se é uma relação legal é porque a deficiência é bem elaborada,* Ou ainda, *a relação é legal porque a outra pessoa não tem preconceito...* Tantas justificativas mostrando que a deficiência acaba sendo colocada como causadora do sucesso ou fracasso de um relacionamento amoroso.

A meu ver as questões que envolvem as relações amorosas de uma pessoa portadora de deficiência são as mesmas questões comuns a todas as pessoas e a todas as relações. As influências próprias da deficiência podem ser administradas, a depender da disponibilidade mútua para tal. Mas até nisso as relações são todas muito parecidas, pois a mesma disponibilidade é necessária para lidar com hábitos, vícios, temperamento, humor, manias, gostos, tempo, jeito de ser da outra pessoa.

As relações amorosas dependem de um convívio harmônico entre as diferenças pessoais. Esse convívio é regido pelo sentimento, pelo afeto, pelo amor. Em se tratando de diferença, a nossa está na cara, ou melhor, na pele, no corpo, no jeito de amar. De fato, somos todos, indistintamente, muito diferentes... Pena que uma parcela significativa desse todo desconheça as próprias diferenças, con/vivendo e amando como réplicas que não fazem muita diferença. Talvez esta forma de lidar com a (própria) diferença seja um tipo de deficiência ainda não classificado, desconhecido. Se for mesmo uma outra deficiência, ainda assim as relações amorosas continuarão acontecendo, pois nós humanos somos todos seres afetivos, amantes por natureza... e não há deficiência capaz de aniquilar essa nossa vocação para o amor.

Capítulo 7

Assinando projetos de mudança

Nossa história de vida pode ser relembrada a qualquer momento. Temos uma memória capaz de resgatar instantaneamente fatos, imagens, situações, sentimentos e pessoas que fazem parte dessa história. Se olharmos para os últimos cinco ou dez anos, se compararmos o momento presente com esse passado recente podemos identificar com facilidade as muitas mudanças que ocorreram ao longo desses anos. Certamente estamos diferentes. Certamente mudamos em muitos aspectos. Convivemos com mudanças ao longo de toda a nossa existência e somos capazes de provocá-las a qualquer momento, mas, ainda assim, elas sempre causam apreensão e medo.

Podemos mudar de casa. Podemos mudar de emprego. Podemos mudar o cabelo. Podemos mudar de vida... Mas, nenhuma mudança é tão simples quanto parece. Quando planejamos mudar de casa ou de emprego, a mudança preocupa, mesmo quando temos absoluta certeza de que estamos mudando para melhor. A casa que nos espera pode ser maior, mais confortável e o emprego novo pode oferecer mais benefícios e melhor salário, mas o contexto é novo. Novos vizinhos, novos colegas de trabalho, novo chefe, novos desafios. Por mais tranqüilo que possa parecer, é inevitável a apreensão e o frio na barriga.

As mudanças aparentemente mais simples não exigem menos preocupação. Mudar a cor do cabelo é algo que pode se reverter em poucas horas, caso o novo visual não agrade. Mesmo sendo aparentemente fácil, algumas mulheres convivem com esse desejo durante meses e muitas vezes nem chegam a concretizá-lo, com receio de que o novo não corresponda ao resultado esperado. Uma mudança bastante simples e facilmente reversível, mas que ainda assim preocupa... Mudanças simples também são proteladas e até mesmo esquecidas.

Mudar de vida... isso parece ser muito mais sério. Mas, pode ser importante. Pode ser necessário. E algumas vezes pode ser imprescindível promovermos certas mudanças em nossa vida. Se uma mudança dessa natureza fosse regida exclusivamente por sua importância, necessidade ou urgência, ela provavelmente aconteceria sem muita hesitação e o processo seria relativamente tranqüilo. Alterar o curso da vida é como sair em busca do desconhecido e do novo numa viagem para a qual não há mapas nem bússola.

De todas as mudanças que vivenciei na vida, a maior delas, sem dúvida, foi a trazida pelo acidente. Creio que dificilmente eu poderia experimentar outra mudança mais profunda e abrangente do que essa. De imediato aconteceram mudanças em minha rotina de vida e também no funcionamento do meu corpo. Enquanto me acostumava com essas primeiras mudanças, outras tantas já estavam em andamento. Viver a vida sobre rodas é uma realidade que desencadeia todo um processo de reconstrução física, emocional e existencial. Tal reconstrução foi sendo efetivada gradativamente, foi ganhando forma em meio às diversas mudanças que estavam acontecendo.

A partir do acidente minha relação com o espaço físico mudou bastante. Com a paraplegia e a cadeira de rodas meu corpo ganhou nova dimensão física, pois precisei reorganizar em minha cabeça todos os parâmetros que antes me situavam no espaço. Posteriormente mudou também minha relação com toda a estrutura social no que diz respeito ao transporte, lazer, locomoção nas ruas... Descobrir-se paraplégico é como aterrisar num outro planeta, um lugar estranho onde o espaço físico ou o seu equivalente não comporta nosso corpo nem nossa forma de locomoção. E é somente por meio de mudanças, muitas mudanças que podemos, todos juntos, transformar essa realidade. Esses são apenas alguns poucos exemplos das muitas

Capítulo 7 – Assinando projetos de mudanças

mudanças que vivenciei, todas elas geradas por uma mudança básica: antes eu me locomovia com as pernas; hoje minha locomoção se dá por meio de um instrumento auxiliar, a cadeira de rodas.

Todos nós experimentamos algumas mudanças que são muito bem marcadas no curso da vida. A escolha da profissão quase sempre envolve dúvidas, conflitos, expectativas próprias e também dos pais. Entretanto, o que marca tal escolha não é a dificuldade do momento, mas a mudança que ela representa na vida do adolescente. Escolher uma carreira profissional é algo que se desdobra por toda a vida. E apesar das dúvidas, apesar da pressão, a escolha precisa ser feita... ou melhor, a escolha precisa ser bem-feita! Não é possível mudar de profissão uma vez por ano e os adolescentes sabem disso.

Quando a escolha da profissão não é satisfatória dificilmente a vida profissional será gratificante. Nesse caso a insatisfação pode chegar a níveis insuportáveis e uma nova escolha poderia ser feita. Seria uma mudança necessária, importante e indiscutivelmente benéfica. Entretanto, dar um novo direcionamento profissional à vida é uma mudança a que poucas pessoas se permitem. Mil argumentos podem aparecer para justificar a acomodação, mas não há argumento que justifique a insatisfação, ou que torne gratificante o que foi se tornando insuportável com o tempo.

O casamento é outra experiência que traz mudanças marcantes. Talvez ainda mais marcantes em função da cultura que tenta impor a idéia de que "casamento é para sempre". E, como *para sempre* é muito tempo, casar-se representa uma mudança de vida que envolve muita tensão. Vencido esse momento inicial e encarada essa mudança, muitas outras terão lugar dentro do casamento, como o planejamento, a chegada e a educação dos filhos, se o casal deseja tê-los. Mudanças. Muitas mudanças. Tantas, que costumam alcançar e corroer as bases do casamento, como a felicidade e a satisfação com a relação conjugal... E assim, mais mudanças estão a caminho, podendo culminar com um rompimento na relação. O fim de um casamento pode representar uma das mudanças mais difíceis na vida pessoal de um casal. Daí a escolha de muitos casais em manter um casamento infeliz, em manter um arremedo de relação amorosa. E o casal paga um preço muito alto para não enfrentar uma outra mudança chamada divórcio.

Muitas outras situações na vida demandam por mudança, todas elas envolvendo dificuldades na tomada de decisão. As pessoas de um modo geral têm muita dificuldade em mudar. A dificuldade começa na natureza do processo da mudança e alcança o novo que aguarda lá na frente. O medo da mudança muitas vezes é o medo do novo. O novo assusta. O novo ameaça.

Por outro lado, situações ou contextos já conhecidos parecem oferecer-nos alguma segurança, mesmo quando passam a ser desconfortáveis para nós. Quando estamos acomodados, aquilo que é visivelmente desconfortável pode parecer seguro e confortável só por ser familiar. Embora desconfortável, parece tranqüilo. Essa tranqüilidade aparente é falsa e dificulta muito uma tomada de decisão, mesmo quando temos plena consciência do desconforto que nos cerca. A necessidade da mudança pode ser bastante clara, mas, ainda assim, é sempre difícil trocar um desconforto conhecido e já familiar, por uma situação nova e desconhecida. É o medo do novo, produzindo o medo de correr riscos.

A vida seria insustentável sem as possibilidades de mudanças. A natureza – da qual fazemos parte como seres vivos – depende de transformações e mudanças para manter-se viva, para se perpetuar. Nós, humanos, dotados de consciência e liberdade, temos um lugar privilegiado na natureza quando podemos interferir nela e no nosso próprio curso de vida, mesmo quando esse percurso é *acidentado*.

O acidente mudou profundamente a minha vida e cada uma das muitas mudanças decorrentes foram muito positivas. Para quem vê de fora, é quase inevitável a suspeita de que o bem-estar de um portador de deficiência não passa de uma grande farsa. Já ouvi, algumas vezes, pessoas afirmando que não é possível estar em harmonia com essa condição física e que uma mudança desse nível só poderia arrasar a vida de uma pessoa. Já houve situações em que um ou outro defensor de tal ponto de vista apontava exemplos de pessoas conhecidas que se fecharam para a vida após um acidente assim, o que comprovaria que a mudança é para pior....

Certas mudanças na vida são compulsórias. As grandes mudanças provocadas pelo meu acidente são um bom exemplo disso. Eu não tive escolha, simplesmente fiquei paraplégico. Até esse ponto as mudanças de fato foram todas compulsórias, mas, daí em diante muitas outras mudanças ocorreram a partir de escolhas que eu mesmo fiz. Transformar essa experiência em algo positivo depende muito mais das escolhas que fazemos, do que da experiência propriamente dita. Encarar tamanha mudança com determinação e otimismo certamente trará melhores resultados do que encolher-se diante da nova realidade, como se a vida tivesse sido extinta quando alguns músculos do meu corpo mudaram sua rotina.

Minha interferência no curso dos acontecimentos felizmente não foi demorada. Não adiei nada para depois. Encarei a realidade de que algo tinha mudado e senti que eu mesmo precisava conduzir aquele movimento para não ser arrastado por ele. Não sabia muito bem o que estava acontecendo, mas me envolvi mesmo assim. Eu não tinha motivos para protelar ou fugir. E mesmo que tivesse os motivos, para onde fugiria? A realidade de ter ficado paraplégico poderia parecer dura, poderia até ser mesmo dura, mas era esta a realidade. Não dava para negar. Não dava para fugir.

Cada vez que fugimos ou adiamos uma mudança abrimos mão do privilégio da escolha. Adiamos ou fugimos exatamente para não escolher. Mas, ainda assim estamos sempre escolhendo, mesmo que indiretamente. Temos a falsa esperança de que as mudanças poderão acontecer espontaneamente, e de forma ingenuamente otimista ainda torcemos para que tudo dê certo. As circunstâncias, os fatos e as situações que estão à nossa volta podem até mudar espontaneamente, mas, aquelas mudanças que me envolvem, todas elas dependem diretamente de mim. Eu sou o responsável por elas. E, em sendo assim, se o bem-estar, a satisfação ou a própria vida de alguém melhora, certamente alguma interferência positiva foi implementada e o agente dessa mudança é o próprio indivíduo.

É difícil encarar as mudanças pelo ângulo da responsabilidade pessoal. Percebo a facilidade com que algumas pessoas atribuem a terceiros a responsabilidade dos seus problemas, fracassos e até do seu êxito. São indivíduos com baixa auto-estima e que sentem-se inseguros demais para admitir que podem realizar algo, por mais simples que seja. Esse sentimento torna-os acomodados e neutraliza a necessidade ou possibilidade de mudança, pois os acomodados quase sempre se contentam com muito pouco. Dessa forma, a mudança poderá começar a acontecer na segunda-feira, ou em 1º de janeiro... não necessariamente na próxima semana ou no próximo ano.

Ao protelar uma mudança aparentemente estamos afastando para longe de nós todos os riscos e responsabilidades que a acompanham. Essa estratégia do adiamento é muito comum, mas, muito pouco eficaz e nada saudável. Aparentemente afastamos o desconforto de uma provável mudança e a situação parece estar resolvida, acabada... Grande engano! Não encaramos a mudança e tudo aquilo que ela traria de novo, mas encaramos diariamente a insatisfação com aquele emprego massacrante, o tédio de uma relação monótona e falida, a dificuldade de relacionamento com os filhos, parentes ou vizinhos e tantas outras questões consideradas pequenas para demandar uma mudança, mas que vão continuar existindo e incomodando a não ser que a estratégia do adiamento seja eliminada. O que minimiza a importância ou o desconforto dessas e de tantas outras questões não é a natureza delas, mas o medo que temos de assumir a situação e iniciar um processo de mudança.

À medida que a auto-estima vai se fortalecendo, a capacidade de agir e mudar vai sendo descoberta. É curioso observar a dimensão do medo que paralisa as pessoas frente às mudanças. Pouco a pouco a insegurança vai se dissolvendo, vai dando lugar à segurança e num dado momento descobrimos que os medos eram fantasmas que só existiam na nossa cabeça. Somos autores dos nossos próprios medos. Mas, não somos apenas simples autores, somos, isso sim, autores com mania de grandeza, autores vaidosos, que superestimamos a nossa capacidade criadora: somos capazes de produzir medos enormes, medos fabulosos e fantásticos.

Capítulo 7 – Assinando projetos de mudanças

A insegurança e o medo são os únicos feitos grandiosos que uma baixa auto-estima é capaz de produzir. Tudo o mais é subestimado, tudo o mais é pequeno e inexpressivo. Felizmente, nada no mundo é tão estático que não esteja sujeito a mudanças. Da mesma forma, nenhuma força ou circunstância é maior que a nossa vocação para a liberdade. Somos todos livres para mudar. Todos, sem exceção. Aqueles que não podem mudar são prisioneiros do próprio medo, mas tal prisão é sempre temporária, circunstancial. Pessoas livres podem mudar sempre que quiserem, sempre que acreditarem. Todos nós somos livres. Todos. Sem exceção alguma! Mas, nem todos se apropriam dessa liberdade.

Querer mudar e acreditar que é possível mudar são os dois elementos que desencadeiam um processo de mudança. Não importa a proporção deles. Mesmo que o querer seja maior que a confiança, ou vice-versa, não importa! Havendo os dois elementos, o processo de mudança já começou! Já estamos a caminho da mudança e em algum momento vamos perceber o movimento. Nesse estágio do processo já transpiramos liberdade e temos urgência em mudar. Num primeiro momento vamos de um extremo ao outro ignorando o centro, o equilíbrio. Mas, mudança é transformação. É lento mesmo. O movimento e a direção é que produzem a mudança, não importando nem o tempo, nem a velocidade. Enquanto vivenciamos o processo podemos ver a vida e o mundo por outros ângulos. Novas perspectivas. Facetas novas.

Permitir-se mudar revela o quanto somos escravos dos hábitos. Pequenas mudanças são suficientes para denunciar nossa servidão à rotina e aos hábitos. Nem sempre bons hábitos. Vestimos, comemos, falamos, amamos e vivemos metódica e mecanicamente. Dessa forma, negamos a espiral que somos para viver uma vida monótona e linear. Mas só enxergamos tudo isso quando mergulhamos num processo de renovação. Se permitirmos, esse processo será constante e não haverá tempo nem espaço para qualquer acomodação. O novo deixará de ameaçar, deixará de ser distante e desconhecido para fazer parte da vida. O novo será sempre contemporâneo.

Mesmo acomodados ou indiferentes estamos sempre mudando. Podemos ser levados pelas mudanças espontâneas da vida, como um objeto perdido que vai em direção a parte alguma. Isso também é mudança. Levados ao léu, nós não mudamos, mas somos mudados. Podemos facilmente confundir esse movimento acreditando que o mesmo possa proporcionar crescimento e transformação... Talvez até traga. Mas isso chega a ser insignificante se comparado ao que podemos realizar quando somos, nós mesmos, os agentes da mudança. Se podemos ter o leme nas mãos, por que estar à mercê dos ventos?

Descobrir o potencial de uma mudança só faz crescer nossa segurança diante de uma nova necessidade de mudança. Para perder o medo do novo é preciso mudar. É exatamente esse primeiro ato de mudança que nos ensina que podemos mudar sempre que quisermos, ou sempre que for necessário. Se os resultados de uma mudança não forem satisfatórios podemos mudar novamente. Podemos tentar de novo quantas vezes for preciso. E se o alvo pretendido ainda não foi alcançado não faz mal, pois esse processo de busca é bem diferente da acomodação. Ele é restaurador em si mesmo. A acomodação, ao contrário, desperdiça a nossa energia, mas a busca é sempre um processo de renovação.

Capítulo 8

Para gostar de si

Falar a respeito dos próprios sentimentos é algo bastante desconfortável para muitas pessoas. Revelar os sentimentos é como expor uma nudez ainda mais íntima que a nudez do corpo. Os sentimentos podem ser reprimidos, camuflados ou até negados, mas nada disso é suficiente para anular efetivamente seus efeitos. De todos os sentimentos humanos, o mais básico deles é aquele que uma pessoa tem acerca de si mesma. A estrutura da auto-estima é sustentada por esse sentimento básico e dele dependem a qualidade de todos os outros sentimentos e também a qualidade da vida afetiva de alguém.

Estimar-se parece ser bem mais difícil do que estimar aos outros. É como se todos os nossos sentimentos tivessem obrigatoriamente que estar direcionados para os outros. Isso pode ser facilmente constatado quando se pergunta a uma pessoa se ela já amou alguém. A resposta é quase que imediata, podendo variar entre *sim*, *não* e até mesmo um *não sei* podem aparecer como possível resposta. A resposta pode até variar, mas raramente haverá alguma hesitação ou dúvida para se responder a uma pergunta tão objetiva:

— Você já amou alguém?

... com possibilidades de resposta também objetivas:

— Sim, eu já amei; ou,
— Não, eu nunca amei ninguém; ou,
— Eu não sei se já amei,

... apesar da subjetividade do tema em questão, não há muito o que hesitar para responder. Por outro lado, se perguntarmos a essa mesma pessoa se ela *se ama*, provavelmente não teremos uma resposta tão segura e sem hesitação. Apesar da objetividade tanto da pergunta quanto das respostas possíveis...

— Você se ama?
— ... (silêncio)

Por que isso acontece?
Algumas pessoas sentem-se constrangidas quando falam desse sentimento. Em minha atuação profissional, poucas vezes ouvi alguém afirmar categórica e prontamente que não gosta de si, enquanto a dúvida, ao contrário, é muito freqüente. Depois de um certo silêncio vem a afirmação... *eu não sei se gosto de mim*, ou ainda, *nunca parei para pensar nisso*. Essa dúvida demonstra o quanto o gostar-se é um sentimento pouco familiar para as pessoas e mesmo aquelas que conseguem identificá-lo costumam não ficar muito à vontade para afirmar que gostam de si mesmas.

O gostar-se é uma qualidade de sentimento que só se obtém mediante a uma concepção muito clara de si mesmo. Sem essa clareza, o sentimento que possuímos acerca de nós mesmos não é próprio, nem autêntico. Em situações desse tipo vamos sempre depender da aprovação dos outros para aceitar ou reconhecer qualquer qualidade nossa.

Uma concepção clara de si produz dois elementos muito importantes que integram a auto-estima. O primeiro deles é a autoconfiança, uma segurança íntima na própria capacidade de pensar, agir, escolher e decidir por si, o que significa assumir o comando da própria vida, bem como as responsabilidades decorrentes dessa posição. Em outras palavras, é ter autonomia em relação à própria vida. O segundo elemento é o respeito próprio, ou auto-respeito, esse senso básico de respeito por si mesmo que leva alguém a considerar-se importante e especial, fazendo-o acreditar em si e nos seus direitos existenciais mais fundamentais, tais como o bem-estar, a alegria, a felicidade, a realização como ser humano.

Autoconfiança e respeito próprio não são uma conseqüência do gostar-se. Ao contrário, os dois elementos são básicos para desenvolvimento desse sentimento. Sempre que me deparei com pacientes que afirmavam não gostar de si, ou que tinham dúvidas a respeito desse sentimento, a ausência ou dúvida em relação ao gostar-se apontava com muita freqüência para a ausência ou fragilidade da autoconfiança e/ou do respeito próprio.

O gostar de si produz um comportamento considerado egoísta por muitas pessoas. No entanto, tal interpretação, embora freqüente, é um equívoco, pois amar-se, querer o melhor para si ou ter uma atitude de amor-próprio são características de uma auto-estima bem estruturada e em nada se assemelham ao comportamento de uma pessoa egoísta. A auto-estima do egoísta, ao contrário, é muito frágil, pois tudo aquilo que ele almeja é sempre em detrimento dos outros. O egoísta enxerga apenas os seus próprios interesses, com desprezo pelos interesses alheios. A auto-estima elevada, ao contrário, produz respeito e estima também pelos outros, o que o egoísta desconhece.

Quando uma terapia começa a surtir efeito na vida de alguém, quando a pessoa começa a se gostar um pouco mais, isso costuma incomodar aqueles que estão mais próximos. Já vi situações típicas, onde a pessoa dedica toda a sua vida, energia e sentimentos para todos à sua volta e nada, ou quase nada para si. A partir do momento em que a pessoa começa a dedicar um pouco mais do seu tempo e atenção para si mesma ela é prontamente rotulada de egoísta. Parece até que o gostar-se, ou o fazer algo para si, são atitudes impróprias... Já o gostar de todos e o fazer tudo para todos – quase sempre em detrimento de si – são comportamentos que parecem ter uma aura de nobreza de alma.

O gostar-se leva-nos a reconhecer nossas qualidades e nossos defeitos. Todos nós temos várias qualidades e vários defeitos, mas parece mais fácil falar dos defeitos. Poucas pessoas ficam à vontade para falar de suas qualidades. Mencionar as próprias qualidades numa conversa é como tecer elogios a si próprio, o que com freqüência costuma ser interpretado como uma atitude pedante. Ora, um indivíduo pedante, da mesma forma que o egoísta, possui uma auto-estima também muito frágil, pois ele não é autêntico consigo mesmo, por isso precisa sempre ostentar mais do que é. Uma auto-estima elevada dá-nos a exata noção de onde começa e onde termina cada uma de nossas qualidades ou defeitos. Uma auto-estima saudável e bem definida elimina a necessidade de mascarar ou forçar esse limite para proveito próprio, comportamento esse muito comum entre as pessoas pedantes.

Todos nós temos um patrimônio interno muito rico, suficiente para elevar a auto-estima de qualquer pessoa. Esta condição inata quase sempre é ignorada e a nossa auto-estima passa então a ser orientada pelas contingências e circunstâncias que nos cercam. Problemas familiares, frustrações pessoais, doenças e crises de toda ordem podem comprometer a auto-estima se ela não estiver bem estruturada. Em situações como essas, uma auto-estima frágil pode influenciar a pessoa a agir apenas para evitar o sofrimento, mantendo o desconforto em níveis suportáveis. Uma auto-estima elevada, por sua vez, produz ações transformadoras bem mais ousadas em favor da própria vida e do bem-estar pessoal.

Auto-estima e deficiência, quando colocadas lado-a-lado, podem estimular uma reflexão muito rica e proveitosa. Poucas situações abalam tanto a vida de um indivíduo quanto o contrair uma deficiência. Ela pode exercer forte influência sobre a vida pessoal, afetiva, sexual, familiar, profissional e social. Com uma abrangência tão vasta, a deficiência chega com a força de um vendaval, abalando a auto-estima e a vida de qualquer pessoa.

Depois de tantos anos convivendo com a deficiência passei a considerá-la como uma experiência muitíssimo importante, mas que, de certa forma, não chega a ser decisiva em se tratando da auto-estima, realização pessoal, felicidade ou bem-estar pessoal. Para o senso comum a deficiência ainda tem a má fama de arrasar a vida de qualquer um, impedindo-nos de crescer, de viver uma vida intensa, produtiva e feliz. Ora, se a deficiência fosse mesmo esse veneno tão letal, não haveria qualquer situação positiva a partir dela. Contrariando o mesmo senso comum, várias pessoas parecem não ter sido contaminadas por esse veneno letal, pois escolheram para si novos caminhos e redescobriram um novo sentido para a vida, crescendo e amadurecendo após a chegada da deficiência... Se a deficiência possui a força de um veneno letal, o antídoto para esse veneno pode estar no nosso poder de fazer escolhas.

Entre os portadores de deficiência é quase uma unanimidade a idéia de que a deficiência é um divisor de águas na vida de qualquer um de nós. Após contrair uma deficiência é inevitável a ocorrência de profundas transformações em todas as áreas de nossa vida. O mesmo acontece com uma família em que nasce uma criança portando alguma deficiência. É praticamente impossível não ocorrer algumas mudanças. Muitas vezes uma reação negativa frente à deficiência acaba tornando nebuloso esse momento inicial, como se todas as mudanças fossem irremediavelmente para pior.

Certamente que a "má fama" da deficiência é alimentada por um incontável número de experiências negativas, supostamente causadas pela deficiência. Tenho observado durante todos esses anos que o que acontece depois da chegada da deficiência depende mais da pessoa em questão do que da deficiência propriamente dita. Os desdobramentos positivos ou negativos não estariam implícitos na deficiência, aguardando por uma "efetivação". Em minha maneira particular de entender, é como se a deficiência abrisse canais até então desconhecidos, revelando potencial ou limitações antes desconhecidos, ignorados, ou mesmo camuflados pelo indivíduo. Dessa forma, pessoas que aparentemente teriam todo o suporte para uma vida intensa e independente podem se mostrar acomodadas e paralisadas, ao passo que outras, que não contariam com o mesmo suporte, descortinam novos horizontes e seguem em frente, como se a deficiência fosse um alavanca ou como se ela não representasse de fato um impedimento para o desenvolvimento pessoal e humano.

A deficiência chega e de forma silenciosa testa nossas potencialidades e nossos limites, até mesmo aqueles que nem sequer percebíamos a existência. É como se a deficiência se ancorasse com precisão numa reserva de forças ou fragilidades até então desconhecidas. Isso faz com que a família e as pessoas próximas se surpreendam com as reações positivas de uma pessoa de quem se esperava revolta e tristeza face à deficiência, ou então uma reação negativa por parte de quem aparentemente teria forças para enfrentar de cabeça erguida todos os desafios apresentados pela deficiência.

Já me deparei com muitas histórias bem-sucedidas. Também já vi outras tantas nada bonitas. Diante dos dois extremos, para mim é muito difícil colocar a deficiência como responsável pelo destino de alguém, seja qual for esse destino. Também não considero a situação socioeconômica ou qualquer suporte material como sendo decisivos para qualquer resultado posterior. Os dois extremos existem em qualquer ambiente social, o que diminui sensivelmente a importância do nosso contexto de vida na elaboração de uma deficiência.

Sem dúvida, seria ótimo se todos tivessem acesso a um bom tratamento, se todos pudessem adquirir os acessórios que melhoram nossa qualidade de vida. Claro que todos esses recursos facilitadores são extremamente importantes, mas há muitas situações em que nem mesmo a abundância deles garante o bem-estar, a felicidade e uma boa elaboração da deficiência. Há que se considerar que o oposto também é fato: há pessoas que não tiveram acesso a bons tratamentos, cadeiras de rodas de boa qualidade, carros adaptados, trabalho e lazer, mas que no entanto amam a vida, sorriem e são felizes, apesar das poucas oportunidades que tiveram na vida.

Que mistério é esse? De fato, não há mistério algum. O que há é uma prática que prioriza o material em detrimento dos valores intrínsecos e essenciais do ser humano. E tudo aquilo que contraria essa prática é intrigante e escapa à nossa compreensão. Elaborar a deficiência e retomar a vida depende invariavelmente dos nossos valores mais essenciais! Qualquer recurso além desses valores pode até somar, mas jamais garante por si só a elaboração da deficiência e o resgate do desejo de viver.

CAPÍTULO 8 – PARA GOSTAR DE SI

Aparentemente uma auto-estima bem estruturada pode parecer incompatível com uma deficiência. Mas, as aparências quase sempre se enganam. Conheço bem de perto algumas histórias que comprovam que a auto-estima pode ser fortalecida mesmo quando tudo parece perdido. Situações de revolta declarada dão lugar ao amor pela vida, numa demonstração clara do poder transformador do nosso querer. Uma explicação simplista poderia colocar a deficiência como alavanca para alguns e golpe fatal para outros, mas, de fato, o que alavanca ou golpeia não é a deficiência em si, mas as escolhas que fazemos a partir dela.

O golpe poderia ser fatal para todos... nas pernas, nos braços, nos olhos, nos ouvidos, na mente ou onde quer que a deficiência se instalasse. E poderia ser um fator de crescimento também para todos, pois, a princípio é somente um golpe. Fere sim, mas, se estamos vivos é porque não chegou a ser tão fatal. Mas, a realidade, de fato, é outra! Somos seres diversos e reagimos sempre de forma diferente às circunstâncias da vida. Se a seqüela é irreversível, as reações não são. Por isso, o que pode parecer assustador e mortal para nós hoje, amanhã pode se transformar num atalho para a vida.

É possível aprender a gostar de si? A resposta é SIM. É sempre possível aprender a gostar de si. Em qualquer época da vida, sob quaisquer circunstâncias, é sempre possível aprender a se amar e a querer o melhor para si. É evidente que tal mudança não acontece espontaneamente, é preciso desejar, é preciso querer de fato, é preciso agir. A força desse querer, seguida de ações concretas, supera e transforma qualquer circunstância que tenha interferido na auto-estima, fragilizando esse sentimento.

A auto-estima de um portador de deficiência pode sofrer influência da sua deficiência, mas não é uma regra que todos, sem exceção, tenham uma baixa auto-estima. Já ouvi, por várias vezes, pessoas declarando que o fato de portarem uma deficiência constitui um impedimento para desenvolverem um sentimento positivo de si. Também já ouvi outros tantos afirmando exatamente o contrário, que passaram a se conhecer mais e a gostar mais de si depois de se tornarem portadores de deficiência.

Quando olho para tal realidade entendo com muita clareza que para se ter um sentimento positivo de si, para se gostar e ter uma boa auto-estima é preciso entender que o meu valor como pessoa e como ser humano não pode ser estimado a partir da maneira como funciona o meu corpo.

Auto-estima, antes de mais nada, é o valor que *eu próprio* me dou, é a estima que *eu tenho* por mim mesmo, é a consciência que *eu tenho* da minha própria dignidade. É a estima *própria*, a estima *de si mesmo*. É muito curioso observar que no imaginário das pessoas de baixa auto-estima, o *próprio* e o *de si mesmo* são ocupados por idéias e conceitos que nem sempre são próprios, mas, herdados dos outros, herdados da cultura, herdados de uma sociedade que ainda não aprendeu a respeitar e integrar plenamente os portadores de deficiência.

Para gostar-se é preciso reconhecer *por si mesmo* o próprio valor. Quem se gosta sabe disso naturalmente, mesmo que nunca tenha refletido sobre o assunto. Gostar de si é um sentimento espontâneo que só se desenvolve onde há espaço para ele. Se gostamos de tantas pessoas, se gostamos de tantas coisas, se somos capazes de desenvolver tantos sentimentos positivos e profundos, certamente podemos aprender a gostar de nós mesmos do jeito que somos.

Capítulo 9

Muito além do mito

Independência... Ouvia essa palavra com muita freqüência durante o processo de reabilitação. A idéia de independência era algo exposto e proposto para mim como uma meta a ser alcançada: *Você vai ficar independente*, ou então, *estamos trabalhando para colocar você independente*. Acabei aprendendo a falar a mesma linguagem e o termo acabou se incorporando ao meu discurso. Inicialmente, havia muito mais independência em minhas palavras do que em meu cotidiano, claro. Ouvia e repetia frases e mais frases, algumas delas prontas, outras não. De fato, eu não percebia, mas eu ainda estava alheio a quase tudo, vivendo como uma espécie de expectador de mim mesmo. Depois de alguns anos, reviver aqueles primeiros momentos da trajetória passou a ser muito gratificante e até divertido!

Aprendi muito sobre a independência nesses anos todos. Aprendi inclusive que independência é muito mais que uma meta escolhida ou apontada para mim, por melhor que possa parecer aquela condição ou lugar a ser alcançado. Somos todos *construídos* para sermos independentes, como se essa condição fosse uma demonstração inequívoca de crescimento ou de maturidade. É como se isso fosse realmente bom para nós todos, na mesma medida e intensidade! Muitas vezes até pode ser mesmo bom. Mas, pode ser ainda melhor quando escolhemos por nós e para nós, quando somos nós mesmos os agentes dessa construção.

Eu acreditava que a independência começava a se instalar em minha vida. Era essa a sensação que eu tinha a cada nova conquista, por menor que fosse. Até então minha concepção de independência era muito limitada se comparada ao que estaria por vir nos anos seguintes. Aquilo que parecia ser independência ficou para trás. Era pequeno demais para ter tal qualidade.

À primeira vista parece natural considerar que um acidente de carro, aos vinte anos, não passa de uma triste tragédia que arrasa a nossa vida e ponto final. Os planos de vida vão por água abaixo, as perspectivas escorrem por entre os dedos e o futuro... que futuro poderia ser esperado para a pobre vítima? Sem dúvida, seria muito fácil dar crédito a tantas considerações precipitadas e estreitas, acomodando-me a elas, traçando o meu caminho apenas em torno do já sabido, do esperado, do conhecido... Do sabido (pelos outros) para mim; do esperado (pelos outros) para mim; do conhecido (pelos outros) e projetado em mim. Assim, minha única participação seria acreditar que aquelas supostas verdades eram acabadas, prontas e definitivas, as melhores verdades para mim... Mas, solenemente, me rebelei contra cada uma delas.

É preciso ser um pouco rebelde para ir além do lugar conhecido. Há sempre muitos caminhos traçados para nós, à revelia da nossa vontade, desejo ou interesse. Eventualmente, um deles pode até ser o melhor caminho para nós, mas, essa conclusão, bem como a decisão de seguí-lo ou não precisa ser nossa. Buscando novos caminhos, passei a ler minha história com meus próprios olhos. Foi assim que comecei a ter uma percepção mais clara acerca de tudo o que eu estava vivendo.

Para quase todos à minha volta aquele acidente certamente aniquilaria a minha vida e a minha independência, arrasaria com o meu futuro, ou resultaria em qualquer outra desgraça de igual porte. No entanto, ler a minha história com meus próprios olhos me fez perceber o mesmo acidente como um renascimento, uma oportunidade ímpar de reconstrução e crescimento. Assumindo minha história eu aprendi que poderia fazer escolhas sem estar sujeito a nada, a não ser ao meu próprio desejo! Desejo de viver... Desejo de ser... Desejo de ter... Desejo de ir além.

Capítulo 9 – Muito além do mito

Foram meses e meses de muito trabalho, paciência e transpiração. Alcançar a independência era a meta mais importante e minha atenção não se desviava disso. Naqueles primeiros momentos era muito importante retomar a vida, reaprender e dominar os atos mais simples, as atividades mais corriqueiras da vida diária. A lista era extensa e incluía, dentre outras coisas, os cuidados com o corpo, a higiene, a relação com o espaço à minha volta, a locomoção. Locomoção... Esse também foi um termo muito presente naqueles primeiros anos, e também muito atrelado à idéia de independência. Muito investimento para recuperar a marcha, auxiliado por um aparelho ortopédico que me ajudaria a caminhar. Muitos suores, muito estresse físico, muitos tombos... e muita irritação com todo aquele processo também!

Eu tentava me adequar a um modelo, me esforçava pela recuperação mesmo que parcial da marcha para assim me tornar independente. Aquela rotina massante tentava me convencer que só seria independente quem fosse capaz de caminhar – mesmo com alguma dificuldade, mas... – ereto e com as próprias pernas. Felizmente não me deixei convencer, pois, por mais que eu me esforçasse, nunca me senti realmente livre dentro daquele aparelho e acabei abandonando a idéia de locomover-me daquela forma.

Olhando de fora, quem se locomove de pé, mesmo com a ajuda de um aparelho qualquer, parece ser mais independente do que quem usa uma cadeira de rodas... De pé a pessoa parece *menos deficiente, menos diferente*. Também neste ponto minha leitura é pessoal: Não é a forma de locomoção que traz independência. De cadeira de rodas, de aparelho ou com as próprias pernas, tanto faz! A Independência é uma condição, uma qualidade que flui de dentro da gente! Pernas, rodas ou acessórios mecânicos são meros facilitadores da locomoção. Ser Independente é não estar sujeito a esses facilitadores para seguir em frente, para ir além daquele ponto em que onde só é possível chegar *caminhando*.

Para o senso comum, a independência de um portador de deficiência quase sempre está relacionada à sua maior ou menor habilidade em desempenhar sozinho as diversas atividades da vida diária, desde o vestir-se até o dirigir um veículo adaptado, ou outra *proeza* qualquer. Dentro dessa concepção, a independência é considerada como algo objetivo, concreto, executável, observável. Se essa concepção for levada a sério, aqueles portadores de deficiência física com maior grau de limitação nos braços e/ou pernas jamais conquistariam a tal independência! Essa visão é muito limitada, pois reduz a Independência a uma espécie de teste de eficácia da funções musculares. Certamente que a independência é uma condição ou qualidade muito mais subjetiva do que física. As atividades da vida diária, em princípio, atividades meramente musculares, são apenas operacionais ou funcionais e não comprometem necessariamente a independência de uma pessoa. Tais atividades podem ser delegadas, terceirizadas ou adaptadas às nossas necessidades. Contrariando a concepção corrente, independência, acima de tudo, é liberdade. É dispor de si de forma a não estar sujeito a nenhum músculo para ser livre. O movimento muscular não liberta. Pelo contrário, ele aprisiona! Aprisiona o indivíduo num corpo, num trajeto, na monotonia de um arco de movimento.

Aquela independência tão perseguida no início acabou sendo alcançada. As situações da vida diária estavam sob controle (estavam?)... e isso era a tal independência que se esperava. Estava preparado para me virar sozinho na vida! Era a tão esperada independência. Não falemos, entretanto, em rampas mal projetadas ou inexistentes, calçadas esburacadas, escadas, portas estreitas, ressaltos... – a lista é grande e ameaça *aquela* independência. Essas questões ambientais, todas elas ligadas ao meio físico, requerem dos portadores de deficiência algo mais, como se apenas a independência não fosse suficiente. E assim se descobre que isto a que esperamos tanto e até cultuamos quando adquirimos – a independência – não garante a ninguém uma vida, de fato, independente! De que adianta saber usar uma rampa, se a rampa não está lá? Essa rampa, tanto concreta quanto simbólica, representa todas as necessidades diretas e indiretas geradas por questões financeiras, políticas, sociais, culturais e institucionais.

Fora da dimensão do concreto, a independência é uma conquista que está sempre em andamento. Parar esse processo é deixar de ser pessoa para ficar lesado ou avariado em algum canto da vida. É curioso, mas parece mais fácil viver e desempenhar as atividades da vida diária quando alcançamos essa independência que transcende ao mundo concreto e ao funcionamento dos nossos músculos. Uma independência meramente muscular ou funcional é tão relativa ao ponto de ser ameaçada ou comprometida com uma simples mudança de ambiente, como, por exemplo, numa viagem ou numa visita a uma pessoa amiga. Basta sair do contexto adaptado que nos cerca para percebermos a limitação da nossa independência operacional.

Neste ponto, a independência precisa ser enriquecida com a criatividade. Em contextos adversos, onde a mentalidade é estreita e a falta de estrutura ainda é patente, o grande salto fica por conta do indivíduo. O portador de deficiência terá de desenvolver, usar e abusar da criatividade para garantir a sua independência. Quando começamos a pensar em criatividade, especialmente quando começamos a agir com criatividade, percebemos que ela, em muitos aspectos, é o próprio combustível que move a nossa verdadeira independência, ou, quem sabe, seja ela – a criatividade – a artesã que vai lapidar os nossos atos, o nosso fazer, o nosso acontecer. Sendo criativo eu posso dispor de mim e do meu corpo, independente dos meus músculos. E é a criatividade que vai mover o meu ser de forma a não me confundir com os movimentos dos meus músculos, e muito menos me restringir a eles!

Quando o percurso alcança esse estágio nós certamente já superamos aquele modelo mais limitado de independência, mesmo que ainda haja uma ou outra situação em que as limitações apareçam. Situações dessa natureza vão existir sempre, e é bom mesmo que existam, afinal, ninguém dá conta de ser a perfeição em pessoa, ninguém dá conta de acertar sempre. Acertando ou errando, a criatividade é um atalho por onde transita o melhor de nós, dinamizando o nosso fazer, tornando-o acima de tudo prazeroso. É assim que convivemos com a realidade das barreiras e limitações sem perder de vista o nosso potencial e o quanto podemos criar a partir dele. Essa visão ampla e consciente é desenvolvida a partir de uma emancipação vivencial!... Emancipar-se é tornar-se, de fato, independente. Emancipar-se é conquistar a Liberdade por si e para si. Emancipado, eu posso viver a minha própria vida de forma dinâmica e intensa, bonita e autêntica, mesmo que haja barreiras à minha volta, mesmo que haja alguma limitação nos meus músculos... A demolição das nossas barreiras internas acaba minimizando algumas barreiras externas, ou até mesmo extinguindo outras tantas, mesmo que elas sejam da ordem do puro concreto.

Independência, mais que uma meta, tornou-se um conceito nas últimas décadas. Um conceito difundido mundo afora pelo Movimento de Vida Independente. Como alavanca deste movimento está o próprio indivíduo portador de deficiência, um sujeito que rompe com a sujeição a um *modelo de gente* idealizado e imposto pelas instituições ao longo dos séculos. De acordo com esse modelo de gente, a pessoa, quando muito, é apenas o produto daquilo que seus músculos podem realizar. Daí a origem dos estranhos e desumanos mitos que nos rodeiam e que costumeiramente são tomados como verdadeiros tanto pela sociedade quanto pelos portadores de deficiência. Estereótipos do tipo *coitado*, *incapaz*, *inválido*, *assexuado*, etc. sempre fizeram uma tremenda pressão nos limites da nossa pele e da nossa vida, tentando incorporar-se em nós e o processo de reabilitação instituído não dava conta de neutralizar a força de tais estereótipos. O Movimento de Vida Independente abriu uma fenda nos alicerces desse modelo instituído, ao mesmo tempo em que descortinou um novo horizonte para nós.

A filosofia de Vida Independente proporciona ao portador de deficiência o sagrado direito da escolha. Não impõe nada! Pelo contrário, provê para todos informação ampla e bem fundamentada acerca de tudo o que diz respeito à deficiência, o que esclarece as dúvidas, dissolve os mitos e neutraliza os estereótipos assimilados tanto pela pessoa portadora de deficiência quanto pela sociedade em todos os seus segmentos. Uma postulação básica desse movimento é que o portador de deficiência pode e deve gerenciar ele próprio a sua vida. Este nível de independência está muito além de uma ação meramente muscular, por isso não segrega, pelo contrário, potencializa, mesmo que para isso se dependa dos músculos de uma outra pessoa.

Conforme essa concepção de independência, a ajuda de uma outra pessoa não deprecia nem inferioriza o portador de deficiência. Precisar de ajuda não ameaça a independência quando a pessoa que recebe a ajuda é autônoma no sentido de orientar essa ajuda. Essa autonomia preserva o portador de deficiência de ser paternalizado ou invadido quando é ajudado, pois os músculos são de uma outra pessoa mas o comando é nosso. Ninguém melhor do que nós poderá saber qual é a melhor forma de sermos ajudados ou tocados, ou qual é a melhor maneira de se lidar ou conduzir uma cadeira de rodas. Assim, uma ajuda mal gerenciada pode constranger as pessoas envolvidas quando uma ação mesmo bem-intencionada não é bem-sucedida. Uma ajuda fracassada acaba expondo tanto o portador de deficiência quanto a pessoa que lhe presta a ajuda, o que pode facilmente ser evitado quando usamos nossa autonomia para orientar adequadamente uma ajuda que recebemos, demonstrando independência naquele ato.

Hoje, ao considerar o esforço empreendido desde o começo, posso afirmar que os erros e acertos foram sempre pedagógicos e valeram a pena. Meu esforço foi fortalecido pelo esforço de pessoas que estiveram à minha volta, como os profissionais, família, irmãos e amigos. Esforços somados resultaram em conquistas... E as conquistas foram e são sempre gradativas e só acontecem em meio a erros e acertos. Aprendi a ser criativo em meio a todos aqueles apelos e metas, em meio aos erros e acertos. Aprendi muito também não levando a sério cegamente tantas regras impostas. Aliás, criatividade e regras não combinam muito bem. Da mesma forma que criatividade e modelos padronizados também são incompatíveis.

Como a independência é uma conquista dinâmica, certamente ainda estou nesse percurso. Há muito o que caminhar e muito o que aprender, mas, com uma diferença apenas: Hoje não repito mais para mim mesmo aqueles bordões que me cobravam independência ou o que quer que seja. Aquela independência perseguida no início ainda tinha muito do modelo e da sujeição aos músculos, mas à medida em que foi se tornando mais vivencial e menos estrutural lá estava a criatividade movendo obstáculos, criando alternativas, estimulando a iniciativa.

Criar e depender parecem-me ações antagônicas. Por outro lado, criar para *independer*, aponta-me uma relação construtiva de causa e efeito. Assim, dar lugar à criatividade é deixar fluir a independência. Meu corpo, por si mesmo, jamais seria independente ou criativo por ser meramente um aparelho biológico. Por mais beleza, precisão e sofisticação que haja nesse corpo, artefatos tecnológicos pouco a pouco estão reproduzindo suas funções com uma desenvoltura surpreendente. E nesse aspecto, a condição de humano não limita, mas amplia, potencializa, enriquece. Por isso mesmo, não é preciso ser *super* para ser independente ou criativo. Basta ser humano. Ser humano, basta.

Capítulo 10

Os contrastes da diversidade

Certa vez entrei em uma agência bancária com uma amiga, colega da faculdade. Tão logo entramos ela me perguntou discretamente se eu estava percebendo o que estava acontecendo naquele lugar. Ao ouvir a pergunta sondei o ambiente com um rápido olhar panorâmico, achando que pudesse estar ocorrendo um assalto ali. Mas, felizmente, não havia assaltante algum dentro daquela agência. O que havia de diferente ali era a minha presença. Uma pessoa em uma cadeira de rodas fazendo um serviço bancário, como qualquer outra pessoa. A amiga ficou muito surpresa com o quanto minha presença chamava a atenção das pessoas naquele ambiente. Quando ela disse do que se tratava eu até brinquei com a situação, pois o que foi uma surpresa para ela, já havia se tornado uma cena bastante comum e indiferente para mim.

Isso aconteceu há pouco mais de dez anos e muita coisa mudou desde então. Portadores de deficiência e sociedade já não vivem mais em extremos tão distantes como acontecia no passado. Esta aproximação bilateral é louvável e tem contribuído para amenizar os efeitos da diferença no que diz respeito à interação social.

Chegar num ambiente e atrair a atenção das pessoas pode ser algo muito desconfortável. A cena é comum para aquelas pessoas que se distinguem da maioria, como nós que portamos uma deficiência e tantos outros que também são *aparentemente* diferentes. A lista dos diferentes é extensa, mas pode ser resumida com uma frase curta e objetiva: o diferente chama a atenção. E a diferença que se destaca não se limita apenas à aparência, ou ao aspecto físico, apesar de serem mais visíveis. Até mesmo um ponto de vista, uma crença religiosa, um posicionamento político ou um gosto exótico pode distinguir alguém do grupo, tornando-o diferente.

De fato, somos todos diferentes. Aliás, somos todos muito diferentes uns dos outros. Mas há elementos que ampliam ainda mais essa diferença, como a cor da pele, a raça, o tipo ou a condição física. Os aspectos visíveis expõem a diferença como se ela fosse o elemento básico na composição da diversidade humana, mas, curiosamente, aquilo que mais diferencia as pessoas é invisível aos olhos por ser da ordem da subjetividade. A diversidade humana é sempre enriquecedora, mas, na prática, a diferença costuma produzir preconceitos, ou seja, atitudes favoráveis ou desfavoráveis em relação aos que são diferentes. O preconceito esvazia a diversidade humana naquilo que ela tem de melhor, inibindo uma interação mais ampla entre as pessoas, uma interação que esteja além das diferenças.

O preconceito é uma atitude carente de conhecimento e experiência concreta, já que o pré/conceito, como a própria palavra denota, é um conceito estabelecido *a priori*, ou anterior à experiência em si e sem qualquer fundamentação razoável. Um conceito antecipado é um pré/conceito mesmo quando se trata de um *bom conceito*, uma vez que esse julgamento positivo também foi estabelecido antes de uma experiência efetiva.

Longe de se aplicar apenas a uma condição física, a diferença chama atenção onde quer que sua ocorrência seja identificada: O estilo, o discurso, a crença, a cultura, a ideologia, a opção sexual, a etnia, o jeito de ser, o gosto... essa lista parece interminável... A mesma diferença que produz preconceitos também pode atrair ou seduzir. O diferente tanto incomoda quanto atrai, pois a respeito dele criam-se fantasias, desejos e sentimentos diversos.

Na cena ocorrida na agência bancária, descrita anteriormente, o diferente que ali chegou poderia provocar reações variadas, poderia incomodar, atrair, poderia até mesmo ser indiferente: Uma pessoa apressada que estivesse na fila por muito tempo poderia sentir-se incomodada com o atendimento diferenciado dado ao *diferente...* – A diferença produzindo sentimentos. A dificuldade no acesso poderia despertar um sentimento de *pena* numa pessoa, que exclamaria: "*Coitado! Que vida dura!*"... – A diferença produzindo mais sentimentos e a fantasia de que minha vida seria dura por causa das barreiras físicas existentes em meu caminho. E numa outra pessoa a mesma cena poderia despertar um senso de cidadania: "*É preciso reivindicar uma rampa para facilitar o seu acesso...*" – A diferença produzindo mais sentimentos e o desejo de tornar o local mais acessível. Uma mesma cena – corriqueira para mim, incomum para os outros – produzindo sentimentos, desejos e fantasias envolvendo uma pessoa diferente das demais.

A cadeira de rodas assinala de imediato a presença de uma pessoa diferente. Para muitos a cena é comum, podendo ser até indiferente, mas, de um modo geral as pessoas olham e disfarçam, algumas sorriem e são simpáticas, outras permanecem sisudas e algumas notam a nossa chegada com a mesma naturalidade que encaram a chegada de um *andante*. Reações diferentes frente ao *diferente*.

Vejo com bons olhos os vários tipos de reações à minha presença, mas aprecio ainda mais as reações espontâneas onde não há esforço algum para se parecer simpático ou indiferente. As crianças oferecem um ótimo exemplo dessa espontaneidade, pois quando querem saber algo perguntam mesmo! Perguntam aos pais *"por que aquele homem está naquela cadeira de rodas?"* E como *cadeira de rodas* nem sempre faz parte do imaginário infantil, algumas fazem a mesma pergunta com uma pequena variação: "*por que aquele homem anda naquele carrinho*"? Acho ótimo quando perguntam diretamente a mim, pois evita o constrangimento dos pais enquanto eu tenho a oportunidade de ensinar algo que talvez os pais não soubessem como fazer. Elas são espontâneas e simples comigo ao perguntar. Sou espontâneo e simples com elas ao responder.

Durante séculos a deficiência foi vista como um estigma, uma marca vergonhosa no corpo que reportava sempre à doença ou invalidez, ou mesmo a uma situação espiritual pendente. O contexto cultural participa na propagação e no reforço do estigma, o que favorece a segregação. No passado os diferentes sempre estiveram sujeitos ao julgamento dos *não-diferentes*, algumas vezes sendo eliminados sumariamente do convívio social...

Cada vez mais a deficiência vai deixando de ser um estigma com influência negativa nas relações sociais. Uma deficiência, qualquer que seja, vai sempre assinalar a diferença, mas, à medida que a sociedade vai amadurecendo, essa diferença deixa de ser um elemento que atribui um juízo de valor. O diferente, de fato, é apenas diferente, mas ao ser discriminado ele é considerado não apenas diferente, mas inferior aos demais. Esta relação diferente-inferior mudou bastante desde que a deficiência passou a ser vista com mais naturalidade por todos. Também contribuiu para isso o desenvolvimento de técnicas, recursos e tratamentos que melhoraram a qualidade de vida dos portadores de deficiência. Todo esse avanço não chega a eliminar a diferença, mas minimiza o seu impacto favorecendo a aproximação entre as pessoas, independente de suas semelhanças ou diferenças.

Atualmente nossa diferença já não nos afasta tanto das pessoas e do convívio social, como acontecia no passado. Estamos mais presentes nos diversos segmentos sociais e essa presença diminui sensivelmente os efeitos da diferença. Vários esforços são feitos no sentido de humanizar essa diferença, mostrando que o fato de ser diferente não torna ninguém inferior. A discriminação ao diferente nem sempre foi combatida, mas sempre foi desumana e absurda. Atualmente ela ainda existe, às vezes mais sutil, às vezes bem declarada. A discriminação continua desumana e absurda, mas, há um dado novo acerca dessa questão: A discriminação agora é também uma violação da Lei! Discriminar um negro, um portador de deficiência ou um homossexual é considerado crime inafiançável. Isso quer dizer que no Brasil qualquer forma de discriminação é um ato criminoso e a pessoa que discriminar

Capítulo 10 – Os constrastes da diversidade

alguém não poderá responder em liberdade pelo seu crime. Ou seja: Discriminação dá cadeia mesmo!

Vivemos num contexto social bem menos agressivo que no passado. O diferente ainda incomoda, mas pelo menos ele está inserido no meio social. Ele pode não agradar a todos, pode não ser ainda plenamente aceito, pode não estar ainda amplamente inserido na sociedade, mas de alguma forma ele já está presente. É inquestionável que há ainda muitos diferentes excluídos, mas num passado não muito distante todos eram sumariamente excluídos! Há que se considerar essa presença como um fator importantíssimo de mudança. Se ela ainda não é tão visível ou abrangente, certamente o será a longo prazo. Estamos todos mergulhados num processo de mudança, mas isso ainda não ameniza o peso da diferença quando ela é assinalada de forma discriminatória. A cena que descrevi no início não acontece mais com tanta freqüência e intensidade, mas ainda ouço relatos sobre o desconforto que representa chamar a atenção por ser diferente.

Ao chegar num determinado ambiente, é quase inevitável que uma pessoa diferente chame a atenção dos demais. A reação dos presentes frente ao diferente que acaba de chegar pode ser demonstrada de várias formas, pode até mesmo nem existir. Mas, em havendo alguma reação, ela será indiferente se a diferença já foi elaborada pela própria pessoa. Nesse caso, não estamos lidando apenas com uma questão social ou física, mas psicológica.

A atmosfera criada em torno da diferença pode ser muito desagradável quando a diferença afeta a auto-estima da pessoa em questão. Entendo que esse desconforto sentido pela *pessoa diferente* poderia ser amenizado, ou talvez nem existir, se ela própria lidasse melhor com a sua diferença, pois há situações em que o próprio indivíduo chama a atenção para si quando ele mesmo não está em harmonia com a sua diferença. Em outras palavras, a relação do indivíduo com a sua diferença pode chamar mais atenção do que a diferença em si.

Não quero colocar um peso a mais sobre a diferença. Todavia, a dificuldade em elaborá-la é fruto de uma cultura estabelecida e reforçada durante muitos séculos. Quando uma pessoa passa a ser diferente, ou quando se descobre diferente, sua reação não é produto apenas do que se vive naquele momento isolado, mas de toda uma herança ligada ao passado.

Atualmente tornar-se paraplégico é uma experiência tão marcante e tão difícil quanto era há vinte ou trinta anos, apesar do tratamento atualmente ser menos longo e menos doloroso, apesar dos muitos recursos disponíveis, apesar da inserção social já ter avançado muito em relação ao que era há trinta anos. Os recursos se multiplicaram e são fartos hoje em dia, mas a significação da diferença parece não ter acompanhado o mesmo ritmo e o estigma da deficiência continua comprometendo a auto-estima de muita gente. A maneira como uma deficiência e a sua respectiva diferença são vistas atualmente ainda preserva um pouco da herança do passado, mas também já começa a incorporar elementos mais contemporâneos derivados principalmente de uma noção mais avançada de cidadania.

A diferença tem toda uma significação social, coletiva, mas no indivíduo ela vai aflorar sempre de forma singular. A sociedade pode estar convivendo melhor com a diferença, mas a pessoa que acaba de perceber-se diferente, ela própria rejeita essa diferença. Ser um *igual* aparentemente garante a aceitação pelos outros e o que todos querem é ser aceitos. Todos os movimentos de defesa dos direitos de uma determinada minoria são movimentos contra a segregação dessa minoria. Por mais ampla que seja a pauta de luta de um movimento, a busca pelo respeito e aceitação daquela minoria pelos demais estará sempre em primeiro plano.. Resta saber se essa minoria já se aceita sem qualquer restrição...

A diferença faz alguma diferença? Não creio que haja uma resposta acabada e única para essa questão, pois os efeitos e a significação da diferença variam de pessoa para pessoa. Mesmo não tendo uma resposta particular, a diferença acaba tendo uma significação pessoal para mim, mesmo quando essa significação não tem força de resposta. Há momentos em que a diferença não faz a menor diferença, noutros momentos ela faz muita diferença... À luz dessa significação pessoal não é a diferença que faz a diferença... As pessoas – eu, você, cada um – estas sim, fazem muita diferença.

A propósito da diferença, nunca me senti inferior a ninguém por ser diferente, mas entendo que a diferença pode produzir um sentimento de inferioridade em mim, se eu assim permitir. A mesma diferença pode produzir nos outros – *naqueles aparentemente não-diferentes* – um mal-estar, um sentimento estranho que resulta num afastamento estratégico que tenta eliminar o mal-estar. Eu não diria que essa reação seja corriqueira, até porque não presto muita atenção e valorizo menos ainda qualquer sentimento negativo à minha volta, mas sei que a reação existe e pode mesmo incomodar.

A diferença faz diferença quando ela ganha mais espaço e importância que a própria pessoa. Essa inversão de valores ocorre quando alguém me percebe apenas como um diferente. Quando isso ocorre, a pessoa que eu sou passa a ser vista como um detalhe da diferença. De fato, eu sou uma pessoa... que, por acaso, porta uma diferença. Certos olhares surpresos podem estar dizendo o seguinte: "*De imediato eu não percebi, mas essa diferença é uma pessoa!*" Mas não é apenas o olhar dirigido a mim que pode incorrer nessa inversão de valores. O tratamento que eu mesmo dou à minha diferença também pode torná-la mais importante que a minha pessoa. Nesse caso, o olhar acanhado seria meu mesmo, dizendo aos outros: "*Não se deixem enganar. Eu posso parecer uma pessoa, mas, de fato, sou a diferença em pessoa*".

De alguma forma somos todos diferentes e esse caráter plural é o que marca a diferença entre a diversidade e a semelhança. A diversidade está para a sofisticação assim como a semelhança está para a falta de variedade, padronização e monotonia. A diversidade amplia, enquanto a semelhança reduz. Quando estabeleço essas diferenças, opto declaradamente pela diversidade assumindo a minha diferença como um detalhe que privilegia. Se escolhesse ser orientado pela semelhança ou pela padronização eu seria apenas um a mais na multidão... Aliás, reconsiderando essa posição, nem se eu quisesse eu poderia ser um a mais, pois é impossível negar ou esconder minha diferença física. Sou mesmo parte da diversidade humana por nascimento e vocação e, como se não bastasse, *acidentalmente*, depois de um certo dia, passei a carregar comigo essa diferença que veio marcar ainda mais o meu lugar na rica diversidade humana, desta feita, por renascimento e convicção.

Capítulo 11

A HORA É ESSA!

Parece que foi ontem. E o ano em que esse ontem aconteceu foi 1984, um ano que representa um verdadeiro divisor de águas em minha vida. E que águas! Olhar para trás hoje é muito tranqüilo. Difícil foi, naquela época, olhar para o hoje, para o momento agora presente que, na época, parecia ser apenas um futuro nebuloso, incerto. A partir desse olhar retrospectivo, o ano do meu renascimento foi assim: Um momento fugaz perdido no tempo.

O tempo torna-se algo muito curioso na vida de alguém que de repente passa a portar uma deficiência. Os primeiros momentos de uma realidade tão nova e tão desconhecida são monótonos, os dias vão se arrastando como se sobrassem horas, minutos, segundos. O tempo passa a ser um vácuo onde algumas coisas acontecem e outras tantas deixam de acontecer, mas, aparentemente, nada acontece. Flutuamos nesse vácuo sem saber muito bem o que é o presente, mas, principalmente, sem saber se haverá algum futuro. Assim, passamos a ser atuais, contemporâneos de nós mesmos, mas ainda encarnando o passado em cada ação, em cada pensamento. O corpo vive – ou sobrevive – no presente, mas esse mesmo corpo parece insistir em perambular pelos escombros de um passado que ficou perdido no tempo, um passado que não existe mais.

Naquele início, tempo era sempre passado. O presente, por sua vez, era algo estranho, diferente. Desligar-se do passado era um desafio que exigia muito de mim; meu corpo permanecia lá, perdido no tempo, enquanto meus pensamentos e ações tentavam situar-se no presente e, quando muito, projetar um futuro qualquer. O processo era doloroso quando eu tentava lidar de forma concreta com algo que, de fato, era apenas uma fantasia: havia um corpo no presente, mas a relação era estabelecida com uma imagem física que pertencia ao passado. Se é difícil entender, imagine o que é vivenciar isso!

O corpo era meu elo mais forte com o passado. Vivemos num corpo e não há como romper esse limite. Ele é o aparelho das ações desempenhadas diariamente ao longo de toda a nossa vida. Com o acidente, algumas ações do corpo ficaram como que bloqueadas e, pouco depois, começaram a mostrar-se definitivamente alteradas. Dessa forma, o corpo tentava estabelecer-se como um interlocutor entre o passado e o presente. Meu cérebro tentava movimentar uma perna, como sempre fazia no passado... a perna respondia no presente: *Não dá! Não vai!* E o cérebro insistia: *Mas você vai conseguir. Você pode. Vamos!* E a perna tentava esclarecer: *Eu mudei. Não sou mais aquela de antes. Só você não quer ver*. Era um diálogo muito angustiante.

E a resposta para tamanha angústia vinha em alguma frase em que a palavra *tempo* tinha que aparecer: *Só o tempo vai dizer...* Era como se o tempo fosse uma pílula ou uma injeção a mais a ser introduzida no tratamento. Mas, seria impossível perceber qualquer influência do tempo no tratamento já que naquela época as horas pareciam durar dias... O tempo não passava, por mais que eu quisesse ou precisasse. Quando muito, ele se arrastava lentamente...

Alguns meses se passaram e alguns resultados já começavam a aparecer. O cenário era perfeito e as expectativas logo começaram a se instalar. Era hora de desligar-se um pouco do passado e ficar ansioso pelo futuro, esperando o tempo passar, para que tudo aquilo que dependesse dele pudesse chegar logo. Naquele momento eu ainda não tinha aprendido que as maiores conquistas que ainda estavam por acontecer dependiam apenas de mim mesmo. O tempo seria apenas um coadjuvante no processo.

Capítulo 11 – A hora é essa!

Criar expectativas sobre o que está por acontecer é uma maneira muito pouco saudável de se esperar por alguma coisa, qualquer que seja. As expectativas são esperanças sem qualquer fundamento, criadas para atender a uma fantasia, a um desejo ou a um sonho que raramente chega a se concretizar. Em havendo expectativas, é inevitável a presença de muita ansiedade. Pre/ocupar-se com alguma coisa é desperdiçar energia, pois sempre ocupamos muito além do necessário quando nos ocupamos antes da hora. As expectativas são uma forma muito angustiante de desperdiçar nossa energia.

Em certos momentos, tempo e esperança se confundiam, se misturavam em minhas palavras e nas expectativas que eu criava. Mas o próprio tempo se encarregou de matar aquela falsa esperança de que a realidade mudaria com o tempo. Felizmente essa esperança morreu. Era ilegítima, nociva e injusta com o tempo, deixando apenas por conta dele toda a responsabilidade da transformação. Quando muito, o tempo favorece as transformações, mas as atitudes, escolhas e o trabalho são de responsabilidade nossa. É pessoal mesmo!

Quando assumimos essa responsabilidade o tempo passa a ser um parceiro nosso e as conquistas diárias vão se somando, se sobrepondo, sempre com a bênção do tempo. Isto se chama transformação. Os apelos e as falsas esperanças criadas em função do tempo quase sempre geram apatia e acomodação. Por isso, é bem mais simples cruzar os braços e deixar as coisas acontecerem por si mesmas. A transformação, ao contrário, é produto da vontade, do querer e da ação. Posso até não conseguir mover um ou outro músculo do meu corpo, mas posso interferir em minha realidade de vida e promover transformações sempre que desejar e sempre que agir em função desse desejo.

A melhor forma de não criar expectativas quanto ao futuro é não viver em função dele. Em se tratando de tempo, tudo o que temos é o tempo presente, por mais diminuto que ele possa parecer. Neste exato momento não dispomos mais do passado e não sabemos se teremos algum futuro. Mas o presente está diante de nós. É dentro deste tempo presente que vivemos e agimos, mesmo que as prioridades estejam noutro tempo, no passado ou no futuro.

É o presente que melhor traduz o significado e a importância do tempo. Nossas ações no presente têm sempre uma duração muito limitada, mas, ainda assim, o presente está em constante processo de reconstrução. O que extingue o fluxo do nosso tempo presente não é o futuro, mas a morte do corpo. À medida que me desligava do passado uma vida exuberante ia se revelando no meu corpo. Passei então a existir no presente e a me apropriar mais da vida e do corpo, independente do que ficou no passado, independente do que o futuro poderia me trazer.

Por mais que o futuro prometesse, ele só teria sentido quando se convertesse em tempo presente. Esse processo de atualização é sempre uma incerteza, o que coloca o futuro no plano da utopia. À medida que o futuro vai se incorporando ao presente ele deixa de ser utopia e passa a ser atualidade. Quando vivemos o tempo presente livres de expectativas utópicas, esse processo de atualização do futuro acontece sem que haja frustrações por expectativas não concretizadas. O futuro chega trazendo novos acontecimentos, novas experiências que podem corresponder ou não ao nosso desejo, mas que, independente dele, passarão a fazer parte do nosso momento presente

Aos poucos fui aprendendo a me situar no presente. Deixei o passado no passado e passei a viver cada dia. Era como se o futuro fosse algo não muito confiável... Parecia ser mais produtivo, seguro e prazeroso viver cada dia, é o que o meu lado pragmático me apontava. E o que era prático passou a ser também mais leve e agradável. Viver cada dia proporciona mais prazer à vida, pois todo o espaço e energia empenhados no passado ou comprometidos pelo futuro utópico deixam de existir. Sobra espaço para sorrir, para relaxar, para ser feliz... sobram tempo e espaço para viver.

Quase duas décadas se passaram. Essa é a medida do tempo desde o acidente. Outras duas décadas ficaram para trás, aconteceram antes do acidente. E o meu amor pela vida tornou-se tão forte que se dependesse apenas de mim dezenas de outras décadas seriam vividas intensamente. Mas, mesmo que minha vida tivesse, de fato, toda essa extensão, ela não teria qualquer sentido se não tivesse também alguma profundidade.

Muitas vezes me sentia um espectador do tempo. Sentia-o se arrastando lentamente. Outras vezes ele voava e era preciso estar atento para não perder o momento exato de uma conquista aparentemente pequena, tão pequena que parecia não caber no tempo. Mas, era preciso transcender ao tempo para descobrir que aquelas pequenas conquistas só não cabiam no tempo por serem, de fato, grandiosas demais...

Quase duas décadas se passaram, mas não foi a duração desse tempo que me trouxe ao momento presente. Minha qualidade de vida também não é herança desse tempo, nem mesmo resultado dos níveis de limitação física ou das conquistas que alcancei. Tempo e corpo são coadjuvantes da Vida. Há sempre algo maior dentro de cada pessoa e lá dentro não há relógio nem calendário, embora haja sincronia. O tempo do corpo é isso: sincronia. E o tempo da vida... o tempo da vida é sintonia.

Há cerca de duas décadas, por força das circunstâncias, eu via os dias se arrastando um a um. E essa relação tão estreita com o tempo resultou numa nova concepção de passado, presente e futuro. Aprendi que não se vive de passado, a não ser que se queira viver uma farsa, um faz-de-conta estéril ou um arremedo de vida. Também não se vive o amanhã, transferindo para o futuro o nosso presente, pois na semana que vem o filme pode não estar mais em cartaz, o verão já passou, o ano acabou, os filhos cresceram, perdemos as pessoas queridas e o tempo acabou... Não há mais vida. Não há mais tempo. E por tudo isso, o presente é sempre a ocasião mais oportuna para se viver.

Capítulo 12

Sobre vôos e sonhos

Voar sempre foi um sonho para a humanidade. Há pouco mais de um século, mesmo partindo de uma mente bastante engenhosa e capaz, o sonho de voar seria facilmente confundido com um delírio, um devaneio perfeitamente adequado à literatura de ficção, porém, ainda inatingível para o conhecimento científico da época.

O sonho de voar deixou de ser delírio à medida que foi ganhando asas e se transformando em aspiração. Muitos sonharam esse mesmo sonho durante séculos e séculos, mas para um certo homem o desejo de voar era muito mais que um sonho. O desejo de voar era tão impetuoso para Alberto, que sem perceber ele gerava a aviação nas entranhas do seu desejo. E um dia ele vôou! O Alberto que acreditava incondicionalmente no sonho de voar ficou mais conhecido como Santos Dumont, o Pai da Aviação. O homem que aprendeu a voar compartilhando o mesmo sonho que tantos outros sonharam antes dele. E a humanidade inteira aprendeu a voar com ele. Mas, ninguém aprendeu a sonhar com ele, pois, não se aprende a sonhar. Simplesmente descobrimos que podemos sonhar.

Quando perdemos de vista nossos sonhos a sensação não é apenas a de termos perdido algo que poderíamos conquistar algum dia. Os sonhos, como algo que desejamos e buscamos com interesse e determinação, fazem parte de nossa vida mesmo antes de serem concretizados, ainda que pareçam devaneios absurdos ou sem qualquer sentido para as outras pessoas.

Grandes realizações podem ser geradas a partir dos sonhos de uma criança, se não lhe podam as asas, condenando-a ao chão. À medida que vamos crescendo, vamos perdendo a espontaneidade em relação aos nossos sonhos. Por essa razão, entre os adultos, compartilhar certos sonhos é sempre um risco de se expor ao deboche ou descrédito alheio. Fugindo desse julgamento muitas pessoas preferem apagar seus sonhos, feito bolhas de sabão. E ainda assim, alguns sonhos nunca morrem. Ficam em estado de latência esperando pelo momento de ganharem forma, ou, pelo menos de serem compartilhados com alguém... Certos sonhos são guardados, ou talvez esquecidos, por anos e anos, ressurgindo intensos quando não há mais tempo, ou quando a vida já está expirando.

Acreditar que um sonho pode ganhar forma compondo nossa realidade de vida é como crer no impossível. E há pessoas que crêem! E há pessoas que investem tempo e energia nos próprios sonhos. Para pessoas com tamanha determinação, até que se prove o contrário, o impossível é apenas algo ainda não realizado, ou algo que apresenta uma extraordinária dificuldade para ser efetivado. É assim que vejo o Alberto: um homem obstinado e perseverante quando trabalhava para tornar realidade o sonho de voar; um homem seguro e confiante quando tentava mostrar aos amigos descrentes que para a humanidade voar era somente uma questão de tempo.

Um dia desses, numa roda de amigos, perguntaram-me se o acidente me impediu de realizar algum sonho, já que eu tinha apenas vinte anos e toda uma vida pela frente... É inegável que alguns sonhos ficaram para trás. Os que resistiram, pouco a pouco foram ganhando novos contornos, enquanto outros sonhos foram nascendo, pois a capacidade de sonhar foi preservada. Uma deficiência costuma ser encarada como obstáculo para uma vida produtiva, intensa e feliz, ou como uma contingência que aniquila todos os nossos planos e sonhos. A meu ver – posso falar de cadeira, literalmente – ela não *destrói* todos os sonhos de uma pessoa, embora um ou outro sonho passe a ser da ordem do irrealizável em função de limitações

Capítulo 12 – Sobre vôos e sonhos

do organismo ou da ciência, como o sonho de extinguir a deficiência. Abolir as limitações próprias da deficiência é um sonho acalentado por muitos e, ao que tudo indica, profundas transformações nesse sentido estão por acontecer. É o sonho de muitos ganhando forma. E por que não dizer, ganhando forma e movimento, cores e sons?

Muitos compartilharam e ainda compartilham esse sonho e dentre eles alguns que fizeram ou ainda fazem do mesmo sonho um angustiante pesadelo, deixando de viver intensamente a vida para tão somente esperar que o sonho de *voltar a ser como era antes*, de alguma forma, se realize. Já conheci alguns casos em que muitas coisas eram proteladas para o futuro, realizações adiadas para quando a deficiência deixasse de existir... Bem, quer seja por milagre, quer seja pelo avanço das ciências, ou seja pelo que for, onde quer que esteja ancorado nosso desejo, aspirações, esperança, fantasia ou crença, a espera certamente será muito longa e pode até não chegar a acontecer. Enquanto se espera é preciso viver!

Músculos paralisados poderiam ser apenas músculos paralisados, com as implicações motoras e funcionais inerentes à paralisia. Entretanto, as implicações subjetivas de músculos paralisados costumam produzir limitações que vão muito além das funções motoras. É evidente que levar a vida sobre uma cadeira de rodas é um grande desafio, algo que não é nada simples tendo em vista as muitas barreiras que temos pelo caminho. Muitas vezes, o buraco na calçada ou a falta de uma rampa podem se transformar num desafio simples, se encarados com disposição e criatividade. Mas, além dessas barreiras concretas, há também algumas outras que são invisíveis aos olhos, mas bastante reais, como as barreiras humanas, econômicas, sociais... Todas elas muito difíceis de serem superadas, mas nenhuma que se compare às barreiras que podemos construir dentro de nós mesmos. Aquelas barreiras personalizadas, feitas sob medida e que realmente podem paralisar uma pessoa.

Nós que convivemos com uma deficiência física experimentamos no corpo a ação de uma paralisia. De certa forma, vivenciamos esse sentido físico da paralisia, mas, outros sentidos de *paralisia* também podem ganhar espaço em nossa vida: *Paralisia* significa também *falta de ação*, enquanto *Paralisar* é o mesmo que *neutralizar, estacionar,* ou ainda, *deixar de progredir*. Aplicados ao corpo e às funções motoras todos estes sentidos são perfeitamente adequados, pois numa paralisia os músculos apresentam mesmo alguma *falta de ação*, ou ficam com a *ação* parcial ou totalmente *neutralizada*. Entretanto, aplicados à vida, todos estes sentidos não deveriam ser tomados como "efeito" da paralisia, mas, apenas como possibilidades sujeitas não à ação de um músculo ou outro, mas à minha própria ação... Alguns efeitos da paralisia no meu corpo certamente podem fugir ao meu controle, mas o sentido dela em minha vida, sem dúvida, quem determina sou eu.

Algumas semanas depois do acidente, já conduzindo minha primeira cadeira de rodas, as palavras de um médico ficaram gravadas em minha mente: *A partir de agora você estará assentado nessa cadeira... cuidado para não se acomodar, rapaz. Você está apenas assentado nesta cadeira, mas não precisa se acomodar nela.* Talvez esta seja a diferença básica entre um músculo com a ação neutralizada e uma vida estacionada. Se paralisar-se é *estacionar,* ou *deixar de progredir*, o que dizer de tantos que experimentaram ou experimentam exatamente o contrário? Pessoas que a partir da deficiência fizeram novas escolhas, buscaram novos caminhos, alçaram novos vôos. Pessoas que certamente sonharam novos sonhos e re/descobriram um outro sentido para a vida.

Alguns sonhos se perdem pelo caminho, independente desse caminho estar sendo percorrido numa cadeira de rodas. Mas a capacidade de sonhar, essa não se perde, jamais. *Incidentes* acontecem a todo instante, alimentando de números as estatísticas. Por trás dos números estão pessoas, vítimas de alguma coisa. Um dia me transformaram em número e eu acabei entrando para a estatística dos acidentes automobilísticos. Mas continuei sendo uma pessoa. Desde então, uma pessoa portadora de deficiência. Milhares de pessoas já passaram por isso. Nesse aspecto sou apenas mais um. Mas, todos nós temos pelo menos algumas coisas em comum, como, por exemplo, algum projeto interrompido, alguma meta ainda por alcançar, ou, quem sabe, um sonho... um sonho que *acidentalmente* se perdeu em alguma curva do caminho.

Certos acidentes automobilísticos trazem a morte de carona, mas, por razões aparentemente inexplicáveis, vida e morte acabam se desencontrando, apesar da proximidade. Desencontros dessa natureza podem ser facilmente entendidos como uma segunda oportunidade para a vida, um re/nascimento. Mas, em outras situações tais desencontros podem representar o fim de tudo, como se vida e morte tivessem mesmo se encontrando. Sem perceber, nós, supostas *vítimas*, determinamos o sentido desse desencontro e a mesma cena pode ser assimilada como vida ou como morte, mesmo sem haver óbito. Em sendo vida, estamos habilitados para novos vôos, novos sonhos; em sendo morte, resta perambular entre sonhos perdidos, mas sempre com alguma chance de re/descobrir pelo caminho a capacidade de sonhar.

Partir para novos vôos, traçar novas metas ou sonhar novos sonhos é sempre possível. Quando deixamos de acreditar nos próprios sonhos, o mais simples deles pode parecer ousado demais... melhor nem sonhar! É o medo da frustração neutralizando pensamentos e ações, matando nossos sonhos mais simples, por mais viáveis que sejam. Quando deixamos de acreditar, qualquer sonho se transforma em sonho impossível, como se a realidade estivesse sempre muito distante de qualquer sonho, mesmo o mais modesto deles. Quando pensamos dessa forma estamos aprisionando nossos sonhos e sufocando nossa capacidade de realização.

Muitos sonhos se perdem não por serem absurdos, ou de difícil concretização. De fato, sonhar é bem mais simples do que realizar sonhos. Construímos nossos sonhos sem qualquer transpiração ou enfado, mas, é muito pouco provável – para não dizer impossível – que algum sonho se concretize espontaneamente. É tarefa nossa a realização de qualquer sonho, mesmo aqueles mais simples. Se o acaso, as circunstâncias ou mesmo a sorte cooperarem, ótimo! Mas, nem sempre é assim. Alguns *incidentes* da vida podem apagar um sonho ou outro. Entretanto, independente de qualquer *incidente*, muitos sonhos se perdem por absoluta falta de transpiração, empenho, determinação e trabalho.

Nossos sonhos podem ser bem mais que devaneios... podem ser metas, projetos, aspirações. Nossos sonhos podem traduzir um ideal. E o que marca esta diferença é exatamente o empenho e a determinação em busca de alguma realização. Para contar com o acaso ou a sorte na realização de algum sonho, melhor nem sonhar, pois acaso e sorte acontecem sempre à revelia do nosso desejo.

Um sonho, por mais simples que seja, traduz sempre a dimensão dos nossos desejos e emoções. Abrir mão dos nossos sonhos é como desatar aquele belo laço que prende-nos à vida, uma forma silenciosa e cômoda de evitar desafios e fracassos. Sem sonhos não há desafios nem fracassos. Mas, também não há conquistas... Se não temos sonhos nunca aprenderemos a voar.

Capítulo 13

Entre a vida e a morte

A consciência da morte é uma característica exclusiva dos seres humanos. Sabemos que vamos morrer e essa certeza costuma ser dolorosa e inquietante. O medo da morte é fruto da expectativa de que ela um dia certamente vai chegar com suas dores, com seus mistérios e, independente da nossa vontade, vai conduzir-nos até um lugar desconhecido. E a pergunta angustiante que acompanha nossa consciência da morte é: *Que lugar é esse?* Mesmo que nossa crença aponte um caminho ou apresente uma resposta, mesmo que essa resposta pareça convincente e bem fundamentada, tudo não passa de uma questão de fé.

A crendice popular foi sempre muito cruel com a morte. A representação folclórica que temos dela é simplesmente assustadora! Uma entidade imaginária, representada por um esqueleto humano armado de uma foice com o que ceifa vidas humanas, esse é o terrível ícone folclórico da morte. Quando tomei conhecimento da *existência* desse esqueleto, quando ouvia sobre sua *atividade* entre os humanos eu ainda era criança, mas já ouvia falar em céu, em Deus, em uma continuação da vida depois da morte. Mas, parecia quase impossível pensar em alguma possibilidade de continuação da vida depois da morte, se a própria morte estava no caminho para me matar com aquela foice. Aquela representação da morte mostrava claramente que eu ia morrer duas vezes e esta última seria pela foice daquele esqueleto assustador.

As imagens da infância foram perdendo sua força à medida que minhas crenças foram se firmando. Mas, na verdade, o que definiu mesmo o meu pensamento sobre a morte não foram nem as imagens da infância, nem as crenças, mas a vida, com todos os seus caminhos e descaminhos. Costumo dizer que a morte passou muito, muito perto de mim naquele *incidente*... tão assustadora feito as histórias contadas a respeito daquele esqueleto. A morte passou perto, mas, por alguma razão errou seu golpe. Naquele *incidente* a imagem do esqueleto evaporou-se por completo e a vida seguiu em frente.

Acidentes automobilísticos parecem atrair a morte. Quando olho para aquele acidente, é impossível não respirar fundo e concluir que eu realmente poderia ter morrido. Éramos três naquele carro. O esqueleto assustador da minha infância foi atraído por um acidente bastante sério e teve três vidas à sua disposição, três chances de morte... mas, felizmente foram três chances fracassadas. Ninguém morreu!

Considero aquele *incidente* como uma experiência de quase morte. As imagens da infância já não assustavam mais na minha juventude e mesmo que elas ainda tivessem qualquer efeito sobre mim, daquele dia em diante o esqueleto assustador da morte ficaria reduzido a uma simples e inofensiva imagem folclórica. Depois da experiência de quase morte eu passei a me ocupar mais da vida. Passei a viver a vida com muito mais entusiasmo por entender que vida e morte estão conectadas por um fio muito tênue... Dali em diante era preciso viver tudo intensamente para morrer mais tarde (bem mais tarde mesmo!) sem dever nada à vida. Essa nova postura diante da vida passou a ser também uma nova postura diante da morte: viver intensamente para morrer sem medo e sem culpa.

Nenhum de nós conseguiria desvendar os mistérios da morte. Eles parecem ser impenetráveis, imponderáveis, mas, num esforço milenar a humanidade se esforça na tentativa de compreendê-los, a começar pelas religiões e, mais recentemente, a própria ciência já investiga os mistérios da morte. Talvez a morte tenha mesmo muitos mistérios e segredos a revelar, mas nada disso faria qualquer sentido para nós, no aqui e no agora, se tantos mistérios e segredos não evocassem algum sentido compatível com nossa vida, numa dimensão mais ampla e mais profunda. Quando divagamos sobre as *coisas* do além morte é como se olhássemos para algo muito distante da realidade presente, uma distância grandiosa, mas, ao mesmo tempo muito insignificante, pois sempre que perdemos uma pessoa querida, aquele universo que se mostrava impalpável e tão distante parece instalar-se inteiro dentro de nós.

À medida que a ciência avança tentamos acreditar que a morte vai sendo domada. Os recursos disponíveis no campo da saúde podem driblar a morte, podem confiscar-lhe a foice, podem até mesmo fazê-la esperar... esperar... esperar. Com tantos recursos destinados especificamente para a preservação da vida, parece até que a morte é um doente terminal que está agonizando, enquanto espera sua própria extinção, sua própria morte. Esses mesmos recursos não apenas prolongam a vida, mas proporcionam, senão um alívio completo, pelo menos algum alívio para o sofrimento. Contudo, ainda temos uma visão limitada e turva da morte, como se ela fosse apenas uma seqüência de dor, sofrimento, sepultamento, separação, fim... É inegável a dor que sentimos quando perdemos uma pessoa querida ou quando sepultamos nossos mortos. Desolados com a perda, choramos e lamentamos a morte como se ela fosse o fim último, mesmo quando nosso desejo, nossas crenças ou convicções apresentam-nos alguma esperança de continuidade ou de reencontro futuro.

Julgamos injustamente a aproximação da morte como sendo sempre dolorosa e aflitiva, como se os últimos suspiros de vida fossem sempre e somente de intensa agonia. Esse é o cenário mais esperado para a chegada da morte, especialmente quando há um sofrimento físico que se prolonga. Na verdade, agonia e sofrimento chegam trazidos por outras mãos, como a doença, a violência, os acidentes ou o acaso. A morte, ao contrário, chega trazendo alívio e descanso e os últimos instantes de vida podem ser de calmaria e paz... A morte vem chegando como que trazendo paz e as pessoas então param de lutar contra o sofrimento e a agonia e se entregam a essa paz.

Profissionais que trabalham com pacientes terminais testemunham com muita freqüência os últimos momentos da vida. Eles certamente assistem a mortes agonizantes e tristes, mas também podem atestar como ninguém que o último semblante pode ser alegre e as últimas palavras podem ser doces palavras de alegria e paz. Parece incrivelmente estranho e contraditório, mas, há pessoas que morrem felizes.

Mesmo que todas as pessoas pudessem experimentar uma morte feliz, ainda assim haveria sempre alguma dor ou sofrimento envolvendo sua chegada. Acredito que para quem morre as coisas não sejam tão amargas e tristes quanto supõem aqueles que ficam, aqueles que vão conviver com a perda, com a saudade, com o luto, com a ausência... Esse contexto leva-nos a pensar nossa própria morte e a repensar nossa vida, nossas escolhas e os caminhos percorridos até então. É um contexto bastante oportuno, já que o pensar e repensar só podem acontecer em vida, enquanto a nossa hora não chega. E ela, inevitavelmente, chegará!

A proximidade da morte naquele *incidente* foi muito clara para mim. Essa clareza não foi instantânea, ela veio com o passar dos dias, em meio a um turbilhão de imagens e sons, carinho e aconchego de familiares e pessoas queridas, todos muito abalados com uma quase morte, com uma quase perda. A proximidade da morte transformou-se para mim no início de uma nova vida, um novo momento em que não haveria mais espaço para as antigas rotinas estabelecidas. Quebraram-se as velhas rotinas e caducou a antiga visão de mundo e de mim mesmo. Tudo foi reformulado, marcando o fim de uma etapa de vida que representaria muito pouco, se comparada ao que estaria por acontecer nos anos seguintes.

Ainda nos primeiros meses após o acidente fiquei chocado quando alguém disse que preferia ter morrido a ter que usar uma cadeira de rodas. Era um estranho, como estranha foi aquela afirmação. Mas, não é o caso de julgá-lo por suas palavras, afinal, que significado teria a cadeira de rodas para aquele homem? E que significado teria a morte?... Para aquele estranho a cadeira de rodas e todas as implicações

Capítulo 13 – Entre a vida e a morte

culturalmente associadas a uma deficiência eram ainda mais assustadoras que aquele esqueleto humano armado de uma foice...

O episódio que acabo de mencionar ficou esquecido por alguns anos e somente mais tarde pude refletir sobre aquela afirmação esquecida no tempo. A reflexão aconteceu quando tomei conhecimento de uma morte estranha, mal explicada, mas entendida por alguns como um aparente suicídio... Alguém que preferia a morte a ter que conviver com uma deficiência teria, de fato, concretizado a escolha? Indaguei em silêncio. Para essa situação específica não temos uma resposta. Mas, independente desse fato, alguns casos de suicídio constatado já ocorreram... foram pessoas que voluntariamente optaram pela morte. É a proximidade entre a vida e a morte, e aqui ambas aparecendo como possibilidade de escolha.

Mortes trágicas, assassinatos e suicídios reforçam a atmosfera sombria que envolve a morte. O assunto é considerado árido e quase sempre é também evitado por muitos, tanto crianças como adultos... talvez até mais pelos adultos. Por mais desconfortável que seja e por mais que seja evitado, é praticamente impossível não conviver com a idéia de morte. E a idéia de morte nem sempre é trágica ou árida, embora tais aspectos sejam mais impregnantes. Em contraste com a aparente aridez da morte, convivemos diariamente com metáforas interessantes e nada trágicas que ironicamente brotam a partir da idéia de morte.

Sem perceber trazemos a morte para o nosso cotidiano, sem esqueleto e sem foice, para enriquecer nossa fala, para expressar nossos sentimentos de forma mais enfática...

E assim, *morremos de rir* quando estamos apenas gargalhando.

Achamos *lindo de morrer* algo que ao nosso gosto é apenas muito bonito.

Também podemos *morrer de raiva*, ou deixar *morto e enterrado* aquele assunto desagradável que queremos esquecer.

Por insegurança, ou mesmo por paixão *morremos de ciúmes*, mas – a mais bela de todas as metáforas –, *morremos de amor* somente quando queremos, de fato, viver intensamente – ou eternamente, se possível fosse – um amor. Uma morte nada sombria, traduzida numa profunda sede de viver.

Vida e morte fazem parte do nosso cotidiano. Nossos pensamentos, nossas falas, nossas fantasias e desejos, nossos sentimentos, nossas crenças e nossos medos estão impregnados de vida e de morte. É a teia da existência envolvendo-nos a todos, seja nascendo, seja re/nascendo, seja em lágrimas, seja em sorrisos. Mas sempre em Vida.

Capítulo 14

VARIAÇÕES SOBRE FUTURAS ESCOLHAS

Nos últimos tempos o relógio tornou-se um severo senhor de todos nós. Os ponteiros estão sempre denunciando o contraste entre a escassez do nosso tempo e as muitas atividades, os compromissos e também as pendências que vão sendo proteladas por absoluta falta de tempo. Mesmo as criancinhas já não têm mais todo o tempo do mundo: a hora da creche é sagrada... e haja atividades para a criançada!

A noção do tempo para nós é percebida de forma diferente daquela que nossos avós tiveram, quando o tempo parecia não ter pressa, quando um ano parecia demorar um século. Hoje em dia, ao contrário, o ano mal começa e num piscar de olhos o vermelho já predomina novamente nas vitrines, que anunciam a chegada de mais um Natal. Tudo acontece muito rápido e é impossível acompanhar a velocidade do nosso tempo. Mas, nossa percepção se engana quando sentimos que o tempo parece estar mais curto. A percepção parece alterada, mas a velocidade e a medida do tempo permanecem as mesmas. O que está em constante processo de mudança é o mundo que nos cerca.

Atualmente não conseguimos mais acompanhar a velocidade frenética com que tudo vai acontecendo e se transformando à nossa volta, o que torna impossível assimilar ou conhecer, mesmo que superficialmente, tudo o que é descoberto, produzido, inventado ou escrito. É como se o futuro chegasse a cada dia – ou a cada hora! –, trazido pelas mãos da ciência.

À medida que a ciência avança nosso cotidiano vai sendo transformado e na mesma esteira do progresso científico nossa mentalidade também vai sendo influenciada e transformada. Convivemos com muita naturalidade com as facilidades e o conforto proporcionados pela tecnologia. A todo instante surgem novas máquinas, novos engenhos eletrônicos, e por mais sofisticados que sejam já não surpreendem tanto. Parece que adquirimos uma certa familiaridade com tantas novidades antes mesmo de elas surgirem ou se incorporarem à nossa vida, pois somos contemporâneos de um avanço científico e tecnológico que não tem precedentes na história.

Em pouco mais de cem anos, um período de tempo quase insignificante para a história, a humanidade ganhou a lâmpada elétrica, o fonógrafo – engenho extinto que muitos adultos nem sabem o que é, familiarizados que estão com o CD *player*, o telefone, o rádio, o automóvel, o metrô, a máquina a *diesel*, a geladeira, o avião, a TV e muitos outros inventos nada centenários, cuja lista parece interminável. Já nas primeiras décadas do século passado, enquanto esses e tantos outros inventos eram produzidos ou aperfeiçoados, o computador já estava em processo de gestação. A partir da invenção do computador profundas transformações foram acontecendo, tantas que nem mesmo os seus inventores poderiam imaginar. Desde então a humanidade vem testemunhando o aperfeiçoamento de antigas máquinas e ferramentas em artefatos cada vez mais eficientes, ágeis, leves, simples e baratos.

As últimas décadas do século XX foram especialmente generosas para o campo da saúde, área em que os domínios do conhecimento se expandiram de forma surpreendente. A tecnologia aplicada à medicina resulta em exames de alta precisão, favorecendo o diagnóstico médico e as cirurgias. Da mesma forma, o desenvolvimento de novas drogas, o transplante de órgãos, os implantes de marca-passos, de próteses diversas, de esperma, de óvulos ou de embriões, parecem colocar nas mãos do homem as rédeas da autocriação ou da reconstrução do nosso corpo.

Mas, os horizontes do conhecimento e da pesquisa no campo da saúde se ampliaram ainda mais nos últimos anos. Com a decifração do

Capítulo 14 – Variações sobre futuras escolhas

código genético do homem estima-se que no decorrer desta década todos os genes contidos nesse material terão sido identificados. Em outras palavras, futuramente – ou, daqui a pouco! – será possível identificar e localizar os genes responsáveis pelo aparecimento de uma certa doença e intervir sobre eles. Com o código genético decifrado estaremos a caminho da cura de doenças até então incuráveis. Parece que a realidade está sendo constantemente invadida pela ficção e já não sabemos mais separar uma da outra. Potencialmente parecemos fortalecidos, entretanto, as mesmas conquistas que parecem fortalecer-nos também fazem com que percamos a noção dos limites, tanto do nosso conhecimento quanto da nossa ignorância.

Deficiência e medicina possuem uma interface muito significativa, talvez a mais importante dentre tantas outras que a deficiência possui com os mais diversos segmentos sociais. É no contexto médico-hospitalar que acordamos para uma nova realidade física. Mesmo quando esse despertar não ocorre nesse ambiente, ainda assim é inevitável o extenso convívio com os profissionais da área de saúde, daí a importância dessa interface. Assim sendo, quanto mais a medicina avança, mais ganhos diretos ou indiretos vão se somando à nossa qualidade de vida.

Considerar os vários tipos de deficiência à luz de tamanho progresso me faz crer que as deficiências estão em franco processo de extinção. É isso! A longo prazo as deficiências estarão extintas do nosso planeta. A afirmação pode até parecer pesada, distante ou talvez romântica se vista com *olhos míopes*, mas nem por isso poderia ser caracterizada como utópica. A propósito de um olhar *míope*, a extinção de que falo já teve seu início, por exemplo, no campo da deficiência visual com o transplante de córneas, com as cirurgias de catarata e também de correção da miopia.

Nesta mesma trilha a deficiência auditiva também fica com seus dias contados... contados em *alto e bom som*, e mesmo que não fosse *alto,* o som já poderia ser ouvido graças aos implantes de sistemas acústicos que conduzem o som até a bigorna por meio de vibrações decodificáveis... Em outras palavras, o impecável silêncio no universo da surdez agora dá lugar a uma sinfonia de sons, ruídos, murmúrios... é a melodia da vida interrompendo definitivamente o silêncio estéril da deficiência. Daí em diante, para os portadores de surdez, o silêncio estará inserido numa interminável e rica sinfonia, agora como parte da música. Quase ninguém se dá conta de que a surdez tem privado tantos ouvidos daquilo que temos de mais belo nesse planeta: a música.

Para a deficiência física as perspectivas são igualmente muito promissoras. A eletrônica, a informática, e mais recentemente a clonagem terapêutica são domínios que estão sendo explorados nesse sentido. Atualmente uma lesão medular tratada prontamente com as técnicas existentes já apresenta possibilidades que não existiam há uma ou duas décadas. Outros tipos de lesão não comprometem o resultado final desse avanço, pois a deficiência a ser corrigida é basicamente motora, independente da sua origem.

Tornar-se portador de uma deficiência é bem diferente de já ter nascido com ela. Nós que contraímos a deficiência já crescidos compomos o grupo que conhece as duas realidades: *antes* da deficiência e *depois* dela. São dois momentos distintos, opostos. O sonho de *voltar a ser como antes* sempre existiu para muitos desse grupo e pelas mãos da ciência o sonho está se concretizando. Ninguém sabe ainda se esta geração já poderá fazer a escolha de deixar de ser *deficiente* com a mesma facilidade com que se elimina uma catarata, ou com a mesma facilidade com que se reduz ou se aumenta o tamanho de uma mama. Se a geração presente não puder fazer essa escolha, as próximas certamente poderão... ou talvez nem cheguem a conhecer ou vivenciar as realidades do *antes* e do *depois*, já contando com algum tipo qualquer de correção poucas horas após o *incidente* causador da deficiência, ou, para ser ainda mais contextualizado, melhor falar em *incidente* gerador da necessidade da correção. Dessa forma, as dificuldades típicas da extinta deficiência nem chegarão a existir, ou serão meramente temporárias.

Somados, nós, portadores de deficiência, representamos 10% da população mundial. Se fôssemos uma nação, seríamos a terceira

Capítulo 14 – Variações sobre futuras escolhas

maior nação da terra em termos populacionais, depois da China (a primeira) e Índia (a segunda). Uma nação numerosa, mas, fadada ao desaparecimento, como algumas civilizações antigas que marcaram a história. Acredito que boa parte desse contingente aceitaria se submeter a algum procedimento experimental que oferecesse alguma possibilidade de se eliminar a deficiência, o que também me faz crer que, tão logo haja algum procedimento acessível, a demanda será muito grande.

Tornar-se portador de deficiência representa uma verdadeira reviravolta na vida de qualquer pessoa, mas, certamente, eliminar a deficiência não seria um acontecimento menos turbulento. É evidente que nessa terceira maior nação da terra uma parcela considerável da população vive inconformada com a sua condição de vida ou com a sua *nacionalidade*. São pessoas cuja intenção mais firme é a imigração para uma outra condição de vida, tão logo isso seja possível. Para esses tantos qualquer turbulência é perfeitamente válida, desde que deixem a deficiência para trás.

A situação seria diferente para aquela outra parcela da população que buscou harmonizar-se com as peculiaridades de sua *cidadania,* tentando fazer dessa nação, apesar de tudo, um lugar melhor para se con/viver; os componentes desse grupo não deixariam a grande nação como imigrantes, mas como exilados. Bem (ou suficientemente) adaptados e, acima de tudo, felizes pelo simples fato de viverem, independente da *nacionalidade*, certamente que os componentes desse grupo estariam diante de um tremendo desafio. Eliminar a deficiência demandaria, sem qualquer sombra de dúvida, uma nova readaptação física, espacial e funcional: devolver a marcha a um paraplégico ou devolver a visão a um cego, se ambos estão funcionalmente bem adaptados às suas "limitações" é como fazer delas pessoas *re*limitadas, com novas necessidades de *re*abilitação, com todas as angústias decorrentes de tal processo.

Durante anos e anos profissionais da área de saúde, pesquisadores, acadêmicos e pensadores se empenharam em prol da causa da deficiência. A mudança radical e compulsória provocada pela chegada de qualquer deficiência demanda uma ampla readaptação que é vital para um bom ajustamento à nova realidade física. É assim que se consegue ter alguma qualidade de vida quando se é portador de deficiência. Somos convocados a desbravar um mundo que parece não ser o nosso. Um mundo hostil onde o sagrado direito de ir e vir é obstruído, onde as barreiras humanas e sociais apontam para a diferença física como se ela fosse não um aspecto da diversidade humana, mas um indicador de inferioridade. Conviver num contexto físico, humano e social tão adverso favorece o afloramento de sentimentos como a revolta, a tristeza, e a vontade de viver fica mesmo comprometida, afinal, *que vida é essa?*, já me perguntaram alguns portadores de deficiência, com voz visivelmente angustiada, com olhos marejados em lágrimas. Por mais que nas últimas décadas as conquistas tenham avançado no campo dos direitos civis e humanos, o estranhamento e o mal-estar sentidos diante dos diferentes continuam fazendo muita diferença.

Aprendi a respeitar aqueles que sempre desejaram reverter uma situação física não desejada, por mais que eu sinta o fato de alguns deles não terem aberto sequer uma janela para crescer com uma experiência aparentemente tão inconveniente. Mas, há casos e casos esperando pelo milagre da transformação. Tenho conhecido pessoas que almejam ser *restauradas*, mas isto não chega a representar uma condição para serem felizes. São casos em que uma possível escolha quanto *a voltar a ser como antes*, ou algo que o valha, representaria apenas um importante ganho extra a se acrescentar ao que aprenderam e ao que construíram como portadores de alguma deficiência. Mas, há também outras situações, pessoas que simplesmente atribuem à deficiência a total responsabilidade por fracassos e desajustamentos de toda ordem, alegando que a nova condição física representa algo como o fim de tudo, ou a própria morte em vida. São pares que simplesmente estacionaram no tempo, ou que regrediram emocional e vivencialmente para um passado que não mais existe, ou passaram a projetar tudo para um futuro incerto, utópico e romântico... o tempo presente seria apenas um muro das lamentações pelo que ficou para trás, ou pelo que deixa de acontecer no presente.

Capítulo 14 – Variações sobre futuras escolhas

Voltar a ser como antes, ou algo que o valha, pode representar um desejo legítimo e saudável, mas também pode ser apenas mais uma forma de negação da deficiência. Em havendo recursos tecnológicos para se *voltar a ser como antes,* e em sendo a busca por tais recursos motivada apenas pela negação da deficiência, provavelmente os resultados no plano físico serão alcançados, mas, tenho minhas dúvidas se concomitantemente o estigma também seria eliminado. Eletrodos espalhados pelo corpo, próteses altamente funcionais, transplantes ou procedimentos ainda nem concebidos podem se tornar tão estigmatizantes quanto as deficiências atuais naquilo que elas têm de diferente. Ainda que a correção física seja impecável, não deixando qualquer *marca* visível, uma mentalidade lesada produziria com muita facilidade uma versão *hightech* de preconceito, se a diferença não passar a ser considerada e aceita como um elemento que compõe e enriquece a diversidade humana. Afinal de contas, eliminar a deficiência – e talvez a própria diferença, naquilo que ela tem de visível – ainda se tornará um procedimento corriqueiro, simples até... mas não creio que seria igualmente simples eliminar a cultura da deficiência, ou a cultura da diferença, que até aqui tem sido parâmetro para rotular as pessoas de *normais* ou *deficientes.*

Tento situar a mim mesmo dentro das tantas possibilidades que vejo surgindo. Pouco depois de ter me tornado paraplégico, inspirado nos filmes de ficção eu já brincava dizendo que no futuro os paraplégicos seriam transformados em *cyborgs.* Eu só não imaginava que o futuro chegaria tão rápido! Eu também não cogitava que em algum momento da minha vida eu pudesse escolher entre continuar ou não paraplégico. Hoje em dia eu já acredito que esse momento da escolha ainda possa acontecer para mim, mas, de fato, esse "Dia D" nunca foi e não é objeto de qualquer esperança para mim, já que as limitações da deficiência não chegaram a ocupar o centro da minha vida. E a grande pergunta que eu mesmo me faria agora é: o que eu escolheria?

Aparentemente a deficiência impõe um limite, uma fronteira simbólica que pretende demarcar *o ponto até onde é possível chegar...* E o mais esperado é que se pare aí, por isso é tão fácil se acomodar e parar nesse ponto, ou até antes dele. Mas, é exatamente além desse ponto que tudo começa a acontecer. Se a ciência tivesse se desenvolvido apenas dentro dos limites d*o ponto até onde é possível chegar,* a humanidade não teria aprendido a voar, não teria conquistado o espaço, nem os paraplégicos estariam prestes a reconquistar o chão, ou melhor, a marcha. E em pensar que como paraplégico eu aprendi a voar e desde então meus pés não tocaram mais o chão. Como ex-paraplégico eu voltaria a pisar o chão, voltaria a caminhar sobre ele. *Voltar a ser como antes* pode ser tudo, mas também pode ser muito pouco.

Certamente que recuperar a marcha é quase uma garantia de que muitas portas também serão reabertas. E pode significar muito recuperar, por exemplo, o livre acesso ao mercado de trabalho! Claro, que sim. Entretanto, o que afastava os portadores de deficiência do mercado de trabalho não era necessariamente a deficiência, mas uma rede de significações que se estabelecem a partir dela, mas, concebida por valores que (infelizmente) existem, independente de qualquer deficiência. De fato, quando surgiram as primeiras oportunidades de trabalho o resultado foi suficientemente favorável, quebrando – ou pelo menos colocando em cheque – o mito da nossa incapacidade generalizada. E o espaço para os portadores de deficiência no mercado de trabalho vem crescendo desde então. E esse crescimento certamente não é fruto da caridade dos empresários, muito pelo contrário! O crescimento ocorreu por dois motivos: os trabalhadores, na sua grande maioria, corresponderam, e foi um bom negócio para os empresários. Onde há a equiparação de oportunidades e a otimização do potencial e limites de cada pessoa, a deficiência não representa obstáculo para a produtividade do trabalhador supostamente limitado.

O avanço de que temos falado já abriu o caminho para a extinção da deficiência, mas os recursos para se tecer uma nova rede de significações ainda não entraram em cena. E o recurso mais básico é o próprio tempo. A reconstrução dos corpos está a caminho e provavelmente terá como cenário um centro cirúrgico, ou um laboratório, mas a imagem social que nossos corpos carregam não se reconstrói cirurgicamente. A discriminação, o pré/conceito, os estereótipos e toda sorte de barreiras sociais e humanas são da ordem

Capítulo 14 – Variações sobre futuras escolhas

da subjetividade, resultado de longos séculos de (falta de) harmonia e convívio entre *normais* e *diferentes*, o que pode transformar o sonho de *voltar a ser como antes* no pesadelo de passar a ser um *ex-deficiente*, um *quase-normal*... ou um (d)eficiente *hightech*, um mosaico de técnica e natureza, produzido em laboratório

E a grande pergunta permanece no ar: o que eu escolheria? Para mim é impossível não situar o momento presente, ou o momento da possível escolha, num contexto maior. Falar em escolha, em se tratando do que está para ser escolhido, já soa estranho se levarmos em conta a forma como a deficiência é vista. Por isso, talvez cause alguma – ou muita – surpresa não escolher de pronto deixar a deficiência para trás. Motivos para riscar a deficiência da minha vida, virar essa página, levantar-me dessa cadeira e seguir em frente eu realmente não tenho, pois, de alguma forma eu já fiz tudo isto lá atrás.

Se uma escolha tiver mesmo que ser feita... O que eu escolheria? Creio que isoladamente essa pergunta não faria muito sentido. Antes dela eu teria de responder a uma outra muito mais importante. Qualquer que fosse a escolha, ela somente acrescentaria algo de bom e proveitoso para mim se fosse, de fato, uma escolha minha. Assim, antes de definir *o quê?*, eu teria de saber o *por quê?* A meu ver, esta seria a única forma de tomar uma decisão por mim mesmo, sem me deixar ser conduzido pelos apelos sociais ou pela conveniência daqueles a quem minha deficiência incomoda.

É evidente que a transformação de uma realidade física pode favorecer o reencontro de uma pessoa consigo mesma, resultando em desdobramentos positivos e saudáveis. Mas, para isso, é preciso haver desejo e disponibilidade pessoais para esse reencontro. Por outro lado, se a transformação acontecer para atender apenas aos apelos externos que estão para além do nosso próprio desejo, estaremos apenas sendo coniventes com uma forma mais avançada e sutil de desrespeito humano. Se a escolha for pessoal, ganharemos muito... Ganharemos forma, movimento, cores e sons. Se escolherem por nós não estaremos ganhando, mas pagando com nossa liberdade e autonomia pela aquisição de uma pretensa independência.